BLÜTEN ZUM REINBEISSEN

BLÜTEN ZUM REINBEISSEN

Kathy Brown
Fotos von Michelle Garrett

Die schönsten Rezepte sowie Tipps zum Anbau

CHRISTIAN VERLAG

Aus dem Englischen übersetzt von Cornell Erhardt
Redaktion: Gertraud Bellon
Korrektur: Beate Schlachter
Umschlaggestaltung: Horst Bätz
Herstellung: Dieter Lidl
Satz: satz & repro Grieb, München

Die Originalausgabe mit dem Titel *The Edible Flower Garden*
wurde erstmals 1999 im Verlag Lorenz Books,
einem Imprint von Anness Publishing Limited, London,
veröffentlicht.

Design: Lisa Tai
Fotos und Styling: Michelle Garrett
Hauswirtschaftliche Beratung: Joanna Farrow

Druck und Bindung: Star Standard
Printed in Singapore

ISBN 3-88472-433-9

WICHTIGER HINWEIS

Verwenden Sie in der Küche keine Blüten von Pflanzen, die an Weg- und Straßenrändern wachsen oder die mit Pflanzenschutzmitteln behandelt wurden. Bitte beachten Sie, dass der Pollen von Blüten bei manchen Menschen allergische Reaktionen hervorrufen kann. Menschen mit einer Pollenallergie sollten keine Blüten essen.

Alle Informationen und Hinweise, die in diesem Buch enthalten sind, wurden vom Autor nach bestem Wissen erarbeitet und von ihm und dem Verlag mit größtmöglicher Sorgfalt überprüft. Unter Berücksichtigung des Produkthaftungsrechts müssen wir allerdings darauf hinweisen, dass inhaltliche Fehler oder Auslassungen nicht völlig auszuschließen sind. Für etwaige fehlerhafte Angaben können Autor, Verlag und Verlagsmitarbeiter keinerlei Verpflichtung oder Haftung übernehmen. Korrekturhinweise sind jederzeit willkommen und werden gerne berücksichtigt.

Inhalt

Schön im Garten –

köstlich in der Küche.

Einführung

Viele Hobbygärtner kochen gerne – am liebsten das, was sie selbst im Garten angebaut haben. Auch viele Hobbyköche gärtnern gerne – und ziehen am liebsten die Kräuter, die sie in der Küche brauchen. Dieses Buch über essbare Blüten vereint die Kunst des Gärtnerns und die Kunst des Kochens, indem es Pflanzideen und kulinarische Rezepte gemeinsam behandelt. Damit richtet es sich ebenso an leidenschaftliche Köche wie an passionierte Gärtner.

Es ist ein Buch sowohl für ungeübte wie auch für erfahrene Köche und Gärtner. Die Vorschläge verbinden neue Kultivierungsmöglichkeiten für altbewährte Pflanzen – sowohl in Pflanzgefäßen wie auch in Beeten – mit neuen Verwendungsmöglichkeiten in der Küche. Die Schritt-für-Schritt-Anleitungen sind ein Garant dafür, dass jeder beides kann: erfolgreich gärtnern und erfolgreich kochen.

Viele der hier vorgestellten Pflanzen lassen sich in einem einzigen Sommer ziehen. Kapuzinerkresse, Zucchini, Borretsch, Sonnenblumen und Ringelblumen bieten schon bald nach der Aussaat ein buntes Blütenmeer. Sie lassen sich in Beeten oder in Pflanzgefäßen kultivieren und sind in der Küche ebenso vielseitig wie im Garten. Alles, was Sie überlegen müssen, ist, ob Sie gelbe oder grüne Zucchini, niedrige oder hohe Sonnenblumen haben möchten. Und bei Kapuzinerkresse stellt sich allenfalls die Frage, ob sie in einem Blumenkasten oder an einem Zaun wachsen soll und Sie daher besser eine kriechende oder eine kletternde Sorte wählen. In der Vergangenheit waren Sie vermutlich nicht begeistert, wenn Ihre Rauke oder Ihr Basilikum zu blühen begann, denn dies bedeutete weniger saftige Blätter. Nun aber werden Sie sich darüber freuen, weil Ihnen eine ganze Ernte wundervoll schmackhafter Blüten zur Verfügung steht.

Das Gärtnern in Töpfen und Kübeln setzt sich immer stärker durch, denn es ist einfach und bietet vielfältige Möglichkeiten. Essbare Blüten lassen sich ausgezeichnet in Pflanzgefäßen ziehen. Pflanzen Sie Indianernessel mit anderen Teepflanzen wie Pfefferminze und Zitronenmelisse in ein Holzfass oder kombinieren Sie Erdbeerpflanzen und blühenden Oregano in einem Topf. Ein Korb voller Schlüsselblumen und Stiefmütterchen ist ein bezaubernder Frühlingsbote. Die Blüten lassen sich über Salate streuen oder überzuckert zum Verzieren von Torten verwenden. Ein sommerlicher Kräuterkorb kann mit essbaren Gebirgsnelken, blühendem Thymian, Lavendel und Minze gefüllt sein.

Blüten wurden über Jahrhunderte in der Küche geschätzt – man legte sie ein oder kandierte sie, machte Sirup daraus, streute sie über Salate oder bereitete Wein oder Likör daraus zu.

Moderne Zubereitungsmethoden sind nicht annähernd so kompliziert oder zeitraubend wie die Verfahren früherer Jahrzehnte und Jahrhunderte. Viele der hier gezeigten Rezepte zeichnen sich sogar durch ihre schnelle Zubereitung aus: Die Blüten werden als ansprechende Garnierung oder Zugabe genutzt und sorgen zugleich für Frische, Duft und Aroma. Dies ist durchaus beabsichtigt, denn unser moderner Lebensstil erfordert schnelle und einfache Rezepte, doch gleichzeitig ist es auch eine der besten Verwendungsmöglichkeiten für essbare Blüten. Ein ansprechendes Aussehen ist zweifellos einer der wichtigsten Aspekte beim Kochen. So verleihen schon einige wenige Borretschblüten einem sommerlichen Früchteteller eine völlig neue Note, und eine Hand voll Kapuzinerkresseblüten, über einen Salat gestreut, verwandeln ihn nicht nur optisch, sondern geben ihm auch eine andere Textur und ein anderes Aroma.

Einige der Rezepte erfordern eine etwas längere Zubereitungszeit, lohnen aber in jedem Fall die Mühe. So sind beispielsweise die Roseneisschale und das Rosensorbet erst nach einigen Stunden fertig, aber die Ergebnisse sind wirklich spektakulär. Blütenöle und Blütenessig mögen kompliziert erscheinen, doch erfordert ihre Herstellung in Wirklichkeit nur sehr wenig Zeit. Das Überzuckern von Blüten ist vielleicht ein wenig aufwendiger, doch mit dem Pinsel in der Hand kann diese Beschäftigung eine beinahe therapeutische Wirkung haben, und die Ergebnisse schmecken absolut köstlich.

Neben den Pflanzideen und den Kochrezepten wird Ihnen sicher auch das Pflanzenlexikon am Ende des Buches von Nutzen sein, denn dort finden Sie alle Informationen, die Sie zum erfolgreichen Anbau und zur Verwendung der jeweiligen Blüten in der Küche benötigen.

Ich hoffe, dass dieses Buch, das die Kultivierung und die kulinarische Verwendung essbarer Blüten parallel behandelt, dazu beitragen kann, Ihren Blick und Ihre Phantasie für eine Fülle neuer Düfte, Texturen und Aromen zu öffnen.

Kathy Brown

Im Uhrzeigersinn von links unten: Oreganoblüten geben einer Pizza Aroma; ein sommerlicher Hängekorb mit Kräutern und Gebirgsnelken; überzuckerte Schlüsselblumen und Stiefmütterchen für ein Dessert; ein Pflanzgefäß mit Rosen und Ochsenzunge.

Rosenwasser Rosenöl

Kandierte Blüten

Veilchenessig Lavendelsirup

Eingelegte Blüten

Orangenblüten-Weinbrand

Safranlikör

Schlüsselblumencreme

Salate mit Blüten

Essbare Blüten in früheren Zeiten

In vergangenen Jahrhunderten waren Blüten wegen ihres Duftes und ihres Aromas außerordentlich geschätzt. Bereits die Römer verwendeten Malven, Fenchel, Nelken, Veilchen und Rosen für ihre Speisen sowie Lavendel für ihre Saucen, doch waren sie keineswegs die ersten. Ringelblumen und Orangenblüten werden seit mehr als tausend Jahren in der asiatischen Küche verwendet, Lilien und Chrysanthemen sogar noch länger.

Eine der ältesten Rosen, Rosa Mundi, *erfreut uns noch heute. Ihr starker Duft ist sowohl im Garten wie auch in der Küche willkommen.*

Blüten in der Vorratskammer

Im 16. Jahrhundert erlebte Europa ein bis dahin beispielloses Interesse am Gartenbau und an der Gartengestaltung – und die Herrinnen wohlhabender Güter eigneten sich großes Wissen über den Anbau, die Verwendung und die Konservierung von Blüten an. Mit der Entdeckung fremder Länder wurden viele neue Pflanzen nach Europa eingeführt, und es kam zu einem fruchtbaren Austausch von Wissen zwischen der Alten und der Neuen Welt. Dies waren zweifellos sehr aufregende Zeiten, und glücklicherweise wurden viele der gewonnenen Erkenntnisse und Erfahrungen auch schriftlich festgehalten.

Die Kunst der Verwendung von Kräutern und essbaren Blüten entwickelte sich in England in der sogenannten Tudor-Zeit. Sie wurde zunehmend verfeinert und erreichte während der Stuart-Ära des 17. Jahrhunderts neue Höhen. Zwischen der Blütezeit dieser Kunst im 16. und 17. Jahrhundert und der Mitte des 19. Jahrhunderts ging sie dann jedoch weitgehend verloren.

Als Eleanour Sinclair Rohde (1881–1950) im Jahr 1920 ihr Buch *A Garden Of Herbs* veröffentlichte, wollte sie die Leser im Anbau und Gebrauch von Kräutern, so wie er in der Vergangenheit üblich gewesen war, unterweisen. Als Historikerin mit einem leidenschaftlichen Interesse an Kräutergärten legte sie 1919 selbst einen Garten an und las viele Originaltexte aus dem 16., 17. und 18. Jahrhundert. Auf diese Weise erfuhr sie nicht nur, welche Pflanzen in der Tudor- und der Stuart-Zeit für die Vorratskammern der großen Häuser angebaut wurden, sondern auch, wie man die Früchte, Gemüse und Blüten verwendete. Sie beschäftigte sich eingehend mit Rezeptbüchern berühmter Köche des englischen Königshofes in jenen Zeiten. Dazu gehörten Joseph Cooper, der Koch von Charles I., der 1654 ein Rezeptbuch verfasste, und ein Koch, der nur als W. M. überliefert ist und im Dienst der Gemahlin von Charles I., Queen Henrietta Maria aus Frankreich, stand und 1655 *The Queen's Closet Opened* schrieb. Neben vielen anderen Texten las Eleanour Rohde *The Whole Body of Cookery Dissected* (1675) von William Rabisha, *Acetaria* (1699) von John Evelyn und *The Compleat Housewife* (1736) von E. Smith.

Dieses allegorische Gemälde aus dem 16. Jahrhundert stellt den Frühling als Gutsherrin dar, die von Blütenreichtum umgeben ist.

Ihre ausführlichen Studien geben uns einen Einblick in die Küchen und Vorratsräume des 16. und 17. Jahrhunderts – Schatzkammern voller herrlicher Düfte und Aromen. Stets brannte dort ein Feuer im Ofen, damit es warm und trocken war – die erforderlichen Voraussetzungen zum Trocknen und Aufbewahren all der Kräuter und Blüten, die man im Haushalt brauchte. Aus den Pflanzen wurden die verschiedensten Heilmittel hergestellt, und sie waren die Grundlage für all die duftenden Puder und Seifen, Polituren und Reinigungsmittel, die man im Haus verwendete. Auch die Anfänge vieler kulinarischer Genüsse lagen hier.

Die Vorratskammern jener Zeit unterschieden sich recht stark von dem, was wir heute kennen. Da gab es Flaschen mit Rosenwasser und Rosenöl. Glaskrüge mit Essig, der mit Rosen, Schlüsselblumen, Nelken und Veilchen aromatisiert war, in Zucker konservierte Blüten und Blütensirup aus Rosen, Veilchen, Borretsch, Lavendel, Rosmarin und Ochsenzunge. Schachteln mit kandierten Blüten wie Ringelblumen, die »nach spanischer Art« in kleine Tortenstücke geschnitten wurden, Zuckerpasten mit Schlüsselblumen und viele andere Köstlichkeiten.

Das Stillleben aus dem 19. Jahrhundert zeigt Stiefmütterchen und Duftpelargonien, zwei Pflanzen mit essbaren Blüten, die man auch heute noch in der Küche schätzt.

Kandierte Blüten

Das Konservieren von Blüten mit Zucker war ein beliebtes Verfahren. Manchmal wurden die Blütenblätter oder auch die ganzen Blüten einzeln mit Zucker überzogen. Zu anderen Gelegenheiten stellte man »Drops« oder »Zuckerpaste« aus ihnen her, die man in Stücke schnitt und als Konfekt aß.

Von W. M., dem Koch von Queen Henrietta Maria, der Gemahlin Charles I. von England, erfahren wir, wie »Kandierte Borretsch- oder Rosmarinblüten« hergestellt wurden:

»Man koche Zucker und Rosenwasser in einem kleinen Topf über dem Feuer; dann gebe man die (in der Sonne oder am Feuer getrockneten) Blüten in die Zuckerlösung und koche sie ein wenig. Dann streue man das Pulver von doppelt raffiniertem Zucker darüber, rühre die Blüten um, lasse sie noch ein wenig kochen und nehme den Topf vom Feuer. Dann streue man weiteren pulverisierten Zucker auf die andere Seite der Blüten. Diese trocknen an einem heißen sonnigen Tag in zwei oder drei Stunden von alleine, sie dürfen aber nicht in der Sonne liegen.«

In William Rabishas Buch *The Whole Body of Cookery Dissected* (1675) findet sich dieses Rezept: »Rosenblätter kandieren, die so natürlich aussehen, als wüchsen sie an Bäumen.« Man verteilt dazu Rosenpetalen von roten oder Damaszenerrosen auf einem Bogen Papier, beträufelt sie mit Rosenwasser und streut feinen Zucker darüber. Dann legt man sie in die Sonne, damit der Zucker in der Wärme trocknet. Der Vorgang wird auf beiden Seiten mehrmals wiederholt, bis die Blütenblätter trocken und kandiert sind.

Im selben Buch beschreibt er auch, wie man »Alle möglichen Blüten in ihren natürlichen Farben kandiert«:

»Man nehme die Blüten mit den Stielen und feuchte sie mit etwas Rosenwasser an, in dem Gummiarabikum aufgelöst ist; dann nehme man feinen Zucker und bestreue sie damit und lege sie auf den Boden eines Siebes und lasse sie im Ofen trocknen, so dass sie wie Zucker-Candy glänzen.«

Neben vielen Rezepten, die sich jeweils auf nur eine Blütenart beziehen, finden sich auch solche, die eine reiche Auswahl an Blüten umfassen. Oftmals sind es Blüten derselben Jahreszeit, mitunter werden aber auch Frühlings- und Sommerblumen zusammen verwendet. Dies war nur möglich, wenn alle oder einige der Blüten zuvor konserviert wurden, was der Grund für die große Zahl von Rezepten für kandierte Blüten sein könnte. Das folgende Rezept aus *The Receipt Book of John Nott* (1723), vom Koch des Duke of Bolton, verwendet Blüten verschiedener Jahreszeiten:

»Man zerstoße Schlüsselblumenblüten, Gewürznelken, Nelken, Rosenpetalen und Spinat, jeweils eine Hand voll, nehme eine Scheibe Manchet [Weißbrot] und koche es mit Sahne auf. Dann füge man ein Pfund abgezogene, mit Rosenwasser zerstoßene Mandeln, ein Viertel Pfund kleingeschnittene Datteln, drei Eigelb und eine Hand voll Korinthen hinzu und süße alles mit Zucker. Nach dem Kochen gieße man Rosenwasser darüber, schabe Zucker darauf und serviere es.«

Getränke mit Blüten

Häufig wurden Blüten auch zum Aromatisieren von Getränken wie Likören, Wein und Weinbrand verwendet. Das folgende Rezept aus dem 18. Jahrhundert, bei dem einem Weinbrand duftende Orangenblüten zugesetzt werden, klingt besonders köstlich: »Für Orangenblüten-Weinbrand«, so schreibt E. Smith in *The Compleat Housewife* (1736), »nehme man eine Gallone französischen Weinbrand, koche ein Pfund Orangenblüten für kurze Zeit und gebe sie dazu. Aus dem Wasser bereite man einen Sirup und süße den Weinbrand damit.«

Stellen Sie sich ein großes Destilliergerät aus dem 18. Jahrhundert vor, bei dem der Brennkessel und der Kühler durch Rohre miteinander verbunden sind. (Ein Destillierapparat gehörte einst zur gut ausgestatteten englischen Vorratskammer, daher auch ihr Name *still-room.*) Mit Hilfe solcher Geräte wurden die Liköre hergestellt, die man anschließend mit Zucker süßte und als ein Stärkungsmittel trank. Die folgenden beiden Rezepte liefern eine genaue Beschreibung der Likörherstellung. Im ersten werden Ringelblumen und Safran verwendet, im zweiten eine ganze Blütensammlung von Rosen, Rosmarin, Nelken, Schlüsselblumen, Borretsch und Ochsenzunge. Zur geschmacklichen Abrundung fügte man den Likören häufig noch Blütensirup zu.

Aus *The Compleat Housewife* stammt das Rezept »Safranlikör«:

»Man fülle einen großen Brennkessel mit Ringelblumenblüten und füge je eine Unze Muskatnuss, Muskatblüte und englischen Safran hinzu. Dann nehme man eineinhalb Liter Muskatellerwein oder trockenen Malaga und träufle ihn mit einem Zweig Rosmarin auf die Blüten. Dann destilliere man ihn bei schwachem Feuer und lasse ihn auf weiße Zuckerpaste tropfen, ziehe ihn ab, bis er sauer wird. Den ersten halben Liter bewahre man auf und mische ihn zu besonderen Gelegenheiten mit den anderen Wässern, den Rest trinke man so. Dieser Trank hilft gut bei Schwächeanfällen, Pocken oder Wechselfieber. Man nehme jeweils fünf oder sechs Löffel davon.

»Dr. Butler's bewährter Heiltrank gegen Melancholie etc.« stammt aus *The Queen's Closet Opened* (1655):

»Man nehme Blüten von Schlüsselblumen, Ringelblumen und vier verschiedenen Nelken, je vier Hand voll, die Blüten von Rosmarin und Damaszenerrosen, je drei Hand voll, die Blüten von Borretsch und Ochsenzunge sowie Melissenblätter, je zwei Hand voll, gebe sie mit gut einem Liter kanarischem Wein in eine große Flasche, verschließe diese fest mit einem Korken, rühre gelegentlich die Blüten und den Wein durch, gebe noch ein Quäntchen zerstoßene Anissamen, zwei zerkleinerte Muskatnüsse und für zwei Penny englischen Safran dazu. Wenn alles einige Zeit durchgezogen ist, destilliere man es über heißem Feuer, hänge an den Schnabel des Geräts graue Ambra [eine wachsähnliche Substanz] und Moschus, je ein Gran, gebe dann sechs Unzen fein geschlagene weiße Zuckerpaste zu dem destillierten Wasser und stelle das Glas, worin es sich befindet, für eine Stunde in heißes Wasser. Von diesem Heiltrank nehme man dreimal pro Woche, oder wenn man krank ist, drei Löffel voll. Er kuriert Melancholie und belebt das Gemüt ungemein.«

Lavendelblüten wurden früher häufig für Aufgüsse und Tee verwendet und sind noch heute eine beliebte Zutat in der Küche.

Rosmarinblüten sind die Grundlage vieler belebender Stärkungsmittel und wurden bereits im 17. Jahrhundert in Rezepten erwähnt (rechts).

Ringelblumen waren wegen ihrer kräftigen Farbe, ihres Geschmacks und ihrer heilenden Wirkung beliebt (links).

Salate mit Blüten

Gerne wurden Blüten in früheren Zeiten über Salate gestreut. Im 17. Jahrhundert schätzte man Salate sehr, und viele überlieferte Rezepte beschreiben die Zubereitung in allen Einzelheiten.

Überliefert ist auch, dass der Obergärtner von King James II. der Meinung war, ein normaler Salat müsse aus wenigstens 35 Zutaten bestehen. Dazu gehörten einige Wurzeln, wie Alant, Gänseblümchen, Fenchel, Engelwurz, Teufelskralle, Pastinake und Möhre, die häufig kandiert, blanchiert oder gekocht und dann kalt oder in Essig eingelegt verwendet wurden. Als Blattzutaten für solche Salate nahm man Milchlattichblätter, jungen Spinat, junge Kissenprimel- und Veilchenblätter, Estragon- und Raukenblätter, die Triebspitzen von rotem Salbei, Ysop, Thymian, Ringelblumen und Majoran, Kopfsalat, junge Malvenblätter, Pimpinelle, Portulak, Schlüsselblumenblätter, Kresse, junge Basilikum-, Borretsch- und Ochsenzungenblätter, Kerbel, Meerfenchel, Wegerich und Schafgarbe, Weinranken, Waldsauerklee und zerkleinerte Kohlblätter. Eschensamen, Ginster- und Holunderknospen wurden in Essig eingelegt und hinzugefügt; manchmal mischte man auch kandierte Blütenknospen unter die Salate. Die Salatsauce bestand aus Essig und Öl, eventuell etwas Senfpulver und einigen Eigelb.

Bei großen Festen oder Banketten konnten solche Salate der kulinarische Mittelpunkt sein, zu dem mitunter auch raffiniert zurechtgeschnittene Wurzelgemüse, wie Weiße Rüben, gehörten. Kunstvoll »geschnitzte« Burgen waren ein beliebtes Motiv. Berichten zufolge waren diese Rübenburgen mit Roggenpaste überzogen und mit Eigelb bestrichen, häufig gekrönt von einem Baum in gleicher Art. Im Sommer war der Baum grün und mit nachgeahmten Früchten und Blüten behängt. Im Winter war er dann weiß »verschneit«. Im Frühling hatte die Burg häufig eine Treppe, die zu einem Kreuz führte, das das Osterfest symbolisierte. Die Burg stand auf einem Berg mit Wällen, wo die Salate in verschiedenen Schüsseln standen. Darüber hinaus konnte die Burg vier Balkone haben, auf denen vier Statuen standen, die die vier Jahreszeiten verkörperten. Jede Statue hielt eine Essig- und eine Ölflasche in den Händen. Hatten alle Gäste Platz genommen, wurde der »Grand Sallet«, wie dieser eindrucksvolle Gang der Menüfolge hieß, hereingetragen und auf einen großen Tisch gestellt. Dann wurden die Essig- und Ölflaschen entkorkt und der Inhalt lief über die verschiedenen Salate.

Hibiskus- und Kapuzinerkresseblüten werden seit Jahrhunderten in der Küche verwendet. Dokumente aus dem 17. Jahrhundert belegen, dass man die Knospen von Kapuzinerkresse bereits damals in Essig einlegte und bei großen Banketten für Wintersalate nahm.

Kapuzinerkresse, die zu den bekanntesten essbaren Blüten gehört, ist auch in heutiger Zeit noch eine beliebte Zutat für Salate, denen ihre Blütenblätter und Knospen einen pfeffrigen Geschmack verleihen.

Sommer- oder Winterblüten waren ein wesentlicher Bestandteil solcher Salate. Häufig erwähnt werden Schlüsselblumenknospen, Borretsch- und Nelkenblüten, Ginsterknospen, Blütenblätter von Veilchen, Kissenprimeln, Rosmarin, Kapuzinerkresse und Ringelblumen. Frühlings- und Sommersalate, die mit diesen Blüten bestreut waren, müssen wunderschön ausgesehen haben. Im Winter wurden die Salate mit Blüten zubereitet, die in Essig eingelegt oder mit Zucker kandiert waren. Bester Weinessig wurde zum Einlegen von Nelken, Rosen, Rosmarin und Kapuzinerkresse verwendet. Borretsch, Schlüsselblumen, Ringelblumen, Rosen, Veilchen und Kissenprimeln wurden kandiert.

Die Winterzutaten unterschieden sich im Geschmack und in der Beschaffenheit naturgemäß recht stark vom Frühlings- und Sommerangebot. Viele der Zutaten waren nämlich in Essig eingelegt oder auf andere Weise konserviert worden, aber dennoch konnten sich unsere Vorfahren auch in der kalten Jahreszeit an einer breiten Palette von Aromen erfreuen.

John Evelyn, der Verfasser von *Acetaria* (1699), beschreibt die Zubereitung eines sehr gehaltvollen Wintersalats, den er »Sallet-All-Sorts« nennt:

»Man schneide in kaltem Wasser blanchierte Mandeln rund und dünn und lasse sie so in kaltem Wasser. Dann nehme man in Essig eingelegte Gurken, Oliven, Kapern, Berberitzenbeeren, Rote Bete, Knospen von Kapuzinerkresse, Ginster etc., Portulakstengel, Meerfenchel, Eschensamen, Walnüsse, Pilze sowie entkernte Rosinen, Zitronen- und Orangenschale. Diese überstreue man mit kandierten Blüten und richte sie sowohl gemischt als auch für sich alleine in derselben Schüssel an. Zu diesen gebe man Kürbis, Pinienkerne und von Mandeln viermal so viel wie vom Rest mit etwas Rosenwasser. Hinzu kommen auch die eingelegten Blüten und Essig in kleinen Porzellanschälchen. Und so hat man einen reichhaltigen Wintersalat, der geeignet ist für ein Festmahl in der Stadt und der sich von dem Grand Sallet unterscheidet, der aus blanchiertem und nicht eingelegtem Blattsalat bestehen und mit Knospen und Blüten garniert sein sollte.«

John Evelyn beschrieb auch genau, wie Blüten eingelegt wurden. In *Acetaria* heißt es:

»Um Ginsterknospen und -schoten einzulegen, bereite man eine kräftige Essiglösung aus Weißwein, Essig und Salz, so dass sie ein Ei trägt. Man rühre recht gründlich um, bis das Salz aufgelöst ist, und entferne Verunreinigungen und Schaum. Am nächsten Tag gieße man die Lösung ab und fülle sie mit den Knospen, die man zuvor trockengerieben hat, in ein Glas. Dieses schüttele man häufig, bis die Knospen nach unten sinken, und halte es gut verschlossen. So lassen sich auch alle anderen Knospen einlegen.«

Diese Darstellung einer Jagdgesellschaft aus dem 16. Jahrhundert zeigt, dass die Speisen und die Tafel mit frischen Blüten dekoriert waren.

Beliebte Blüten vergangener Tage

Es besteht kein Zweifel, dass Blüten früher regelmäßig verwendet wurden und mehr oder weniger zum Küchenalltag gehörten. Von allen Blüten, die man im 16. und 17. Jahrhundert verwendete, waren Veilchen, Rosen, Rosmarin, Nelken, Lavendel und Schlüsselblumen wohl am beliebtesten. Es ist faszinierend, wie viele Rezepte es für jede dieser Blütenarten gab, speziell aber für Schlüsselblumen.

Schlüsselblumen wuchsen in großer Zahl auf Grasland und Wiesen. Die Blüten, die herrlich nach Honig duften, wurden im Frühling gerne gepflückt und in der Küche verwendet. In einem Buch mit dem Titel *Book of Fruit and Flowers* aus dem Jahr 1653 wird empfohlen, sie mittags zu pflücken, wenn der Tau getrocknet ist. Dann, so heißt es weiter, »ziehe man sie aus den Hüllen und schneide die grünen Knoten am unteren Ende ab«. So hatte man Blüten, die nicht mehr vom Tau nass waren, deren ätherische Öle durch die Hitze des Tages aber noch nicht verflogen waren.

Schlüsselblumen wurden häufig zusammen mit den jungen Blättern über Salate gestreut, doch um sie zum späteren Gebrauch haltbar zu machen, wenn Blüten und frischer Blattsalat knapp waren, legte man die Blüten in Essig ein. John Evelyns Rezept von 1699 gibt an, dass man für jedes Pfund Blüten ein Pfund Zucker und einen halben Liter Weißweinessig nehmen soll. Die Flüssigkeit wird gekocht, bis sie eine sirupartige Konsistenz hat, und dann kochend heiß über die Schlüsselblumenblüten gegossen. Das klingt recht einfach, doch sollte man bedenken, welch riesige Mengen an Blüten für ein solches Rezept erforderlich sind – selbst ein Eimer voll Blüten wiegt nur sehr wenig.

Schlüsselblumen wurden auch kandiert, mitunter in großen Bündeln. Mary Eales, Konditorin von Queen Anne, hielt 1719 das folgende Verfahren fest: Zuerst wurden sie in Gummiarabikum getaucht, geschüttelt und abgetropft, dann in feinen Zucker getaucht und zum Trocknen an eine lange Leine vor der Feuerstelle gehängt, wo sie zwei oder drei Tage blieben, bis sie trocken waren. Welch hübscher Anblick müssen sie zusammen mit all dem anderen Frühlingskonfekt gewesen sein.

Manchmal wurde auch ein Sirup aus Schlüsselblumen, destilliertem Wasser und Zucker zubereitet. Auf drei Pfund frische Blüten nahm man zweieinhalb Liter Wasser und kochte das Ganze mit Zucker zu einem Sirup.

Zur Zubereitung einer Schlüsselblumen-Eiercreme nahm man jeweils eine oder zwei Hand voll Blüten und Knospen, zerrieb sie in einem Mörser und kochte sie mit einem Liter Sahne auf. Die Flüssigkeit wurde dann mit Muskatblüte gewürzt, und man fügte Zucker und Orangenblütenwasser hinzu. Anschließend wurde die Mischung durch ein Sieb gegossen, und man rührte zwei Eigelb und eine weitere Hand voll Blüten darunter, die jedoch von den Kelchen abgezogen waren. Das Rezept für diese Eiercreme findet sich in einem Rezeptbuch aus dem Jahr 1654, das Joseph Cooper, der Koch von Charles I., verfasst hat.

Schlüsselblumen tauchen häufig in Rezepten von Köchen des Königshofes auf. Patrick Lamb, der nacheinander Oberster Küchenmeister bei Charles II., James II., William und Mary und dann Anne war, führt in seinem Rezeptbuch von 1716 eine Schlüsselblumen-Tarte auf, für die die Blüten von einer Gallone Schlüsselblumen »außerordentlich klein gehackt« und mit geriebenem Zwieback, einem dreiviertel Liter Sahne, acht Eiern, Zucker, Rosenwasser und Salz verrührt und gebacken wurden. Bei einer späteren Abwandlung dieses Rezeptes wurde ein Ring aus Blätterteig in die Backform gelegt und die Füllmasse hineingegossen.

Eine der beliebtesten Spezialitäten war Schlüsselblumenwein. E. G. Hayden schreibt in seinem Buch *Travels Round our Village*, dass man zum Ansetzen des Weins einen Liter Schlüsselblumen, viereinhalb Liter Wasser, zwei Pfund Zucker und zwei Löffel Hefe nahm. Er weist auch darauf hin, dass sich der Wein ein Jahr hält.

Duftveilchen wurden in viktorianischer Zeit überzuckert als Dekoration für Desserts oder Schokolade verwendet oder zu Konfekt verarbeitet.

Früher wurden Schlüsselblumen auf vielerlei Weise in der Küche genutzt. Häufig legte man sie in Essig ein und nahm sie für Salate, Pudding und Kuchen. Auch als Näscherei oder als Weinzutat waren sie beliebt.

Auch Kissenprimeln waren in früherer Zeit zur Verwendung in der Küche sehr geschätzt. Für die Wintermonate wurden sie gerne kandiert oder auf andere Weise haltbar gemacht.

Manchmal fügte man dem Wein noch Orangen und Zitronen zu oder stellte mit Honig Schlüsselblumenmet her, dem Weinrosen und Zitrone zusätzliches Aroma gaben.

Schlüsselblumenwein war in England bis ins frühe 20. Jahrhundert überaus beliebt und gehörte zu den wenigen Blütenweinen, die Mrs Beeton in den verschiedenen Ausgaben ihres überaus umfangreichen Werkes *Household Management,* das erstmals im Jahr 1861 erschien, aufführte. Einige Ausgaben enthielten auch Rezepte für Muskatellersalbei- und Löwenzahnblütenwein sowie für einen Weißdornblütenlikör.

In den 1920er Jahren fanden sich in den überarbeiteten Ausgaben von *Household Management* nur noch die oben genannten Blütenweine von ursprünglich 35 Weinrezepten, die sowohl exotische Weine aus Orange, Zitrone, Ingwer, Pfirsich und Aprikose umfasst hatten, wie auch Weine aus heimischen Zutaten wie Apfel, Damaszenerpflaume und Stachelbeere. Auch Holunderwein war enthalten, nicht aber Holunderblütensekt. Beliebte Weinrezepte aus dem 16. und 17. Jahrhundert, darunter Wein aus Mädesüß, Ginster, Klee, Lindenblüten, Fenchel, Goldrute, Weißdornblüten, Minze, Kissenprimeln und Rainfarn, waren bis zur zweiten Hälfte des 19. Jahrhunderts aus gängigen Kochbüchern verschwunden.

Von Mrs Beeton wurden keine Rezepte zum Einlegen von Blüten aufgeführt, obwohl das Buch zahlreiche Frucht-Pickles enthält, darunter auch ein Rezept für indisches Mango-Chutney. Nichts wird über das Konservieren oder Kandieren von Blüten gesagt, obwohl es viele Rezepte zum Kandieren von Früchten gibt, wie Reineclauden, Kirschen und Aprikosen. Auf über 1600 Seiten von *Household Management* findet sich nicht ein einziger Hinweis auf Blütensirup oder Blütenessig. Kapuzinerkresse wird als Salatzutat kurz erwähnt, doch hauptsächlich geht es darum, wie man ihre Samen als Kapernersatz in Essig einlegt. Ab den 1920er Jahren gab es kaum mehr Rezepte für essbare Blüten. Eleanour Sinclair Rohde stellt eine Ausnahme dar mit ihrem Buch *A Garden of Herbs*, das 1920 erschien, und es dauerte fast 80 Jahre, bis die alten Ideen zur Verwendung von Blüten in der Küche wieder aufgegriffen und weiterentwickelt wurden.

Blüten schneiden

Petalen vorbereiten

Blütenbutter Blütenöle

Überzuckerte Blüten

Blütenzucker Blütendekor

Heiße Getränke Tees

Kalte Getränke Bowlen

Liköre Gefrorene Blüten

Eisschalen mit Blüten

Frische Blütensalate

Blüten in der heutigen Küche

Blüten lassen sich in der Küche auf vielfältige und phantasievolle Weise verwenden – für farbenfrohe Butter, duftende Öle, aromatische Essige und köstliche Zuckermischungen. Mit Eiweiß und Zucker verwandeln sie sich in überzuckerte Blüten zum Verzieren von Torten, Biskuitrollen, Plätzchen und Desserts. Frische Blüten sind eine wundervolle Bereicherung der heutigen Küche. Dieses Kapitel zeigt unterschiedlichste Rezeptideen, von pikant bis süß.

Rosen und Lavendel schätzt man seit langem in der Küche wie auch im Garten.

Blüten schneiden und vorbereiten

Stockrosen liefern den ganzen Spätsommer über eine Fülle essbarer Blütenblätter in bezaubernden Farben.

Blüten, die man in der Küche verwenden möchte, sollten an einem warmen, trockenen Morgen geschnitten werden, bevor die Sonne allzu kräftig scheint und die ätherischen Öle sich verflüchtigen. Am besten wählt man Knospen oder Blüten, die sich gerade erst geöffnet haben, da bei ihnen Duft und Aroma am intensivsten sind. Welke Blüten sollte man nicht pflücken.

Blumen für kulinarische Zwecke dürfen auf keinen Fall mit Pflanzenschutzmitteln behandelt sein. Es empfiehlt sich daher, sie im eigenen Garten nach ökologischen Grundsätzen anzubauen. In Gärtnereien oder Gartencentern sollte man sie nur kaufen, wenn garantiert wird, dass sie nicht mit Pestiziden behandelt wurden. Auch staubige Blumen vom Wegesrand sind ungeeignet.

Menschen mit einer Pollenallergie sollten auf den Verzehr von Blüten verzichten. Es ist generell das Beste, die Blütenmitte, wo die Staubgefäße mit dem Pollen sitzen, nach Möglichkeit herauszuschneiden. Die einzelnen Blumen unterscheiden sich stark: Bestimmte Blüten, wie etwa die von Lilien, Hibiskus und Stockrosen, haben viele Pollenkörner, und man sieht leicht, welche Teile man entfernen sollte. Bei kleineren Blüten, wie denen von Kissenprimeln, Veilchen, Schlüsselblumen, Stiefmütterchen, Salbei, Schnittlauch, Oregano und Basilikum, wäre es schwierig, den Pollen zu entfernen, so dass Allergiker am besten gar keine Blüten essen.

Entfernt werden müssen alle grünen Teile der Blüten. Dazu gehören der Blütenstiel und der Kelch. Der Kelch besteht aus den Kelchblättern, die oben am Stiel sitzen. Bei manchen Blüten ist er jedoch nicht deutlich sichtbar. Kissenprimeln, Schlüsselblumen, Gänseblümchen, Borretsch, Ochsenzunge und Salbei lassen sich leicht vom Kelch abziehen, ohne dass die Blütenblätter (Petalen) beschädigt werden oder gar auseinanderfallen. Bei Stiefmütterchen und Veilchen dagegen hat man oftmals die Blütenblätter einzeln in der Hand. Aus kulinarischer Sicht spielt dies aber keine Rolle, denn die Blütenblätter sind der wichtige Teil. Bei einigen Blumen, wie zum Beispiel Rosen und Stockrosen, lässt sich der Kelch nicht abziehen; man schneidet oder zupft deshalb einfach die Petalen ab. Bei Ringelblumen, Gänseblümchen und Sonnenblumen können sie mühelos abgezogen werden.

Viele Blüten, die in Dolden wachsen, wie bei Fenchel, Dill, Süßdolde, Schnittlauch und Engelwurz, besitzen keinen grünen Kelch. Man entfernt die Stielchen und verwendet die Blüten im Ganzen. Rosen und Nelken haben an der Basis der Blütenblätter einen bitteren weißen Ansatz, den man am besten beseitigt.

Die Petalen von Ringelblumen lassen sich mühelos abzupfen.

Schnittlauchblüten kann man mit der Schere vom Halm abschneiden.

HINWEIS

In diesem Buch sind Pflanzen aufgeführt, deren Blüten essbar sind (siehe Pflanzenlexikon), doch erhebt die Liste keinen Anspruch auf Vollständigkeit. Gleichzeitig gibt es überall auf der Welt viele Pflanzen und ihre Blüten, die definitiv giftig und daher nicht essbar sind, wie etwa Wolfsmilch, Rhododendron, Anemone, Akelei, Nieswurz, Efeu, Glyzine und Goldregen, um nur einige zu nennen. Haben Sie nur den geringsten Zweifel, verzehren Sie die betreffenden Pflanzen NICHT! Halten Sie sich an das Pflanzenlexikon am Ende des Buches, wo Sie viele Blumen und Kräuter finden, deren Blüten bedenkenlos gegessen werden können und köstlich schmecken.

Pollenreiche Blüten vorbereiten

Stockrosen gibt es in vielen verschiedenen Farben, von Weiß und Gelb über Rosa bis zu Tiefviolett. Die Blüten können gefüllt oder ungefüllt sein, aber sie sind alle essbar. Allerdings müssen, wie unten gezeigt, die Staubblätter entfernt werden.

1 Die Blüten an einem warmen, trockenen Morgen schneiden. Sie sollten sich gerade erst geöffnet haben und nicht von Bienen bevölkert sein.

2 Die Blütenmitte mit den Staubblättern und dem Pollen herausschneiden. Bei Stockrosen sind die Staubblätter röhrenförmig verwachsen.

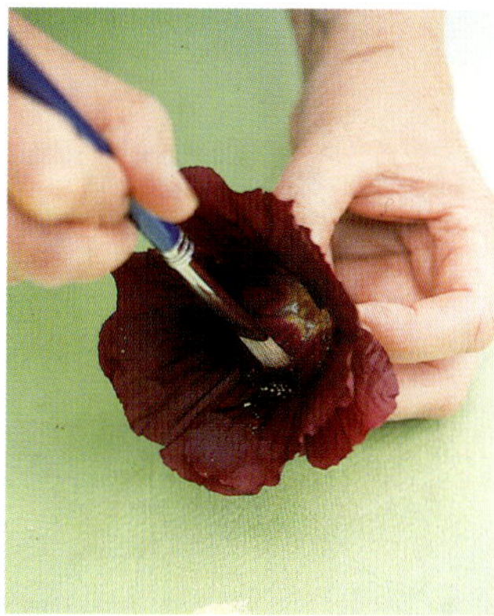

3 Pollenkörner, die an den Petalen haften, mit einem Pinsel behutsam entfernen.

4 Alle grünen Teile an der Blütenbasis wegschneiden. Auch kleine Stücke, die möglicherweise an den Petalen verblieben sind, entfernen.

5 Die fertig vorbereiteten Blütenblätter können nun für Obstsalate oder für grüne Salate verwendet werden.

Insekten entfernen

Im Frühling und im Frühsommer findet man an Blumen gewöhnlich kaum Insekten, im Hochsommer dagegen treten sie weitaus häufiger auf. Blüten, an denen Bienen sitzen, sollte man nicht abschneiden.

Salzwasser verwenden

1 Holunderblüten scheinen kleine Insekten geradezu anzuziehen. Meist ist es das Beste, die Blüten einfach in Salzwasser zu tauchen, um sie zu entfernen. Dazu eine Schüssel mit kaltem Wasser bereitstellen und einen Löffel Salz unterrühren.

2 Die Blüten in das Salzwasser tauchen und behutsam hin- und herbewegen. Danach die Blüten herausnehmen, leicht schütteln und sanft mit Küchenkrepp trockentupfen.

Dunkelheit simulieren

Befinden sich kleine Käfer an den Blumen, die Blüten von der Pflanze abschneiden und die Insekten behutsam abschütteln. Sollten sich einige nicht entfernen lassen, die Blüten ins Dunkle stellen – die Käfer krabbeln dann auf der Suche nach Licht weg.

1 Die Blüten ins Wasser stellen und eine Packpapiertüte darüberstülpen. An einen dunklen Platz, etwa in den Gartenschuppen, bringen. Die kleinen Käfer fallen dann von den Blüten und versuchen, ans Licht zu kommen. Sie sind zwar nicht schädlich, aber lästig.

Blütenbutter

Rosenpetalen der violetten 'William Lobb' und der rosafarbenen 'Gertrude Jekyll'. Zusammen ergeben die Petalen eine gelungene Kombination für eine Rosenblütenbuttercreme.

Buttermischungen sind eine ansprechende und einfache Möglichkeit, Blüten zu konservieren und in der Küche zu verwenden. In einem verschlossenen Gefäß aufbewahrt hält sich Blütenbutter im Kühlschrank zwei Wochen oder länger und im Tiefkühlgerät sogar bis zu drei Monaten. Buttermischungen mit Blüten sehen nicht nur hübsch aus, sondern schmecken auch gut und lassen sich vielseitig verwenden.

Pikante Buttermischungen eignen sich als Aufstrich für Brötchen, Toastbrot oder Bagels. Probieren Sie einmal Schnittlauchblütenbutter zu Eibelag, Dillblütenbutter zu Lachs und Salbeiblütenbutter zu Pâtés oder Frankfurter Würstchen. Sie können diese Buttermischungen aber auch auf knuspriges Weißbrot oder auf Cracker streichen und dazu Käse reichen. Ganz hervorragend lässt sich mit ihnen frisches Gemüse verfeinern: Servieren Sie beispielsweise Minzeblütenbutter zu neuen Kartoffeln oder Thymianblütenbutter zu gedämpften jungen Möhren.

Süße Buttermischungen mit Blüten schmecken ebenso delikat, wenn nicht sogar noch besser, doch verwendet man sie auf völlig andere Weise. Eine Hand voll stark duftende Rosenpetalen, vermischt mit Butter und Puderzucker, verwandelt einen einfachen Biskuitkuchen in eine Köstlichkeit. Eine bezaubernde Zusammenstellung sind zum Beispiel Blütenblätter der violetten Rose 'William Lobb' und der rosafarbenen Rose 'Gertrude Jekyll'. Das Ergebnis ist eine violett und rosa gefleckte Buttermischung mit herrlichem Aroma. Es gibt noch viele andere stark duftende Rosen für eine gelungene Kombination. Experimentieren Sie einfach, um Ihr Lieblingsrezept zu finden. Dabei brauchen Sie sich nicht auf eine Blütenart zu beschränken. Probieren Sie beispielsweise eine Buttermischung mit Veilchen und Kissenprimeln als Überzug für eine Muttertagstorte aus.

Schnittlauchblüten

Salbei- und Thymianblüten eignen sich wunderbar für würzige Buttermischungen (rechts und ganz rechts).

BLÜTENBUTTERKUGELN

Dieses Rezept eignet sich für alle Blüten mit einem würzigen Aroma. Wenn große Blütenblätter verwendet werden, wie etwa solche von Ringelblumen, sollte man sie am besten in kleinere Stücke schneiden.

FÜR 6 BIS 8 PERSONEN ZU GEMÜSE

30 ml (2 EL) Blüten; hier wurden Thymianblüten verwendet

50 g weiche Butter

1 Die kleinen Thymianblüten vom Blütenkopf abzupfen und mit der weichen Butter vermengen.

2 Mit zwei Butterbrettchen oder Löffeln kleine Kugeln formen. Bis zur Verwendung in einem verschlossenen Behälter in den Kühlschrank stellen.

3 Gedämpfte Möhren mit Thymianblütenbutter anrichten und sofort servieren. Die Butterkugeln passen auch gut zu gegrillten Tomaten oder Champignons. Übrig gebliebene Butter lässt sich später noch verwenden. Sie hält sich im Kühlschrank bis zu 2 Wochen und im Tiefkühlgerät bis zu 3 Monaten.

BUTTER MIT GEMISCHTEN BLÜTEN

Bei diesem Rezept werden Salbei- und Schnittlauchblüten lagenweise zwischen Butterstücken verteilt, doch eignen sich auch alle anderen auf der gegenüberliegenden Seite genannten Blüten. Die Butter vor dem Servieren 24 Stunden im Kühlschrank durchziehen lassen, damit sie vom Blütenaroma durchdrungen wird.

ERGIBT 125 g

60 ml (4 EL) Blüten; hier wurden Salbei- und Schnittlauchblüten verwendet

125 g Butter

1 Die Salbeiblüten von den Kelchen zupfen; die Schnittlauchblüten von den Blütenköpfen abschneiden. Eine Lage Blüten auf ein Tellerchen streuen und die Hälfte der Butter auf die Blüten legen. Auf dem Butterstück weitere Blüten verteilen.

2 Die zweite Hälfte der Butter daraufsetzen und behutsam andrücken. Auf den Seiten weitere Blüten an die Butter drücken.

3 Nach Belieben auch Blüten auf der Oberseite verteilen. Abdecken und vor dem Servieren für 24 Stunden in den Kühlschrank stellen. Die Blütenbutter als Brötchenaufstrich zu einer kalten Sommersuppe, einem schmackhaften Zwiebelkuchen oder einer herzhaften Pâté servieren. Die Butter hält sich im Kühlschrank bis zu 2 Wochen und im Tiefkühlgerät bis zu 3 Monaten.

ROSENBLÜTENBUTTER

Süß duftende Rosenpetalen, vermischt mit Butter und Puderzucker, ergeben eine herrliche Füllung für eine kleine Biskuittorte. Jeder, der von dieser Torte kostet, wird sicher ihren wundervollen Geschmack loben. Je stärker der Duft der Rosenblüten, desto ausdrucksvoller das Aroma der Füllung. Nehmen Sie Blüten, die sich gerade erst geöffnet haben, und schneiden Sie sie an einem trockenen Morgen.

FÜLLUNG FÜR EINEN KUCHEN VON 20 cm DURCHMESSER

60 ml (4 EL) süß duftende Rosenpetalen
125 g weiche Butter
125 g Puderzucker

1 Die Rosenpetalen von den Blüten zupfen. Den weißen Ansatz an der Basis der Petalen entfernen und diese fein hacken. Nach Belieben kann auch eine Mischung verschiedener Rosenarten verwendet werden.

2 Die weiche Butter mit einem Holzlöffel oder dem elektrischen Handmixer schlagen, bis sie sehr cremig ist. Nach und nach den Puderzucker zur Butter geben und dann die Rosenpetalen hinzufügen.

3 Als Füllung zwischen zwei Biskuitböden verteilen. Man kann auch einen anderen lockeren Kuchen in der Mitte durchschneiden und mit der Masse füllen oder kleine Napfkuchen damit überziehen. Restliche Rosenblütenbutter mit Klarsichtfolie abdecken; sie hält sich im Kühlschrank bis zu 2 Wochen und im Tiefkühlgerät bis zu 3 Monaten.

ROSENBLÜTENTORTE MIT ZUCKERGUSS

FÜR 10 BIS 12 PERSONEN

Für den Teig
225 g weiche Butter oder Margarine
225 g Zucker (extrafein)
4 Eier (Größe M)
225 g Mehl
2 TL Backpulver

Für die Füllung
1 Rezept Rosenblütenbutter

Zuckerguss und Verzierung
225 g Puderzucker
30–45 ml (2–3 EL) Rosenwasser
6–8 rosafarbene Rosen sowie einige Rosenpetalen, überzuckert

KÜCHENTIPP

Die beiden Rezepte können auch mit Nelken zubereitet werden. Wählen Sie dazu Sorten, die besonders stark duften, und entfernen Sie, wie bei Rosenpetalen, den weißen Ansatz an der Basis der Blütenblätter. Ganze Nelkenblüten lassen sich nach der gleichen Methode wie für Rosen überzuckern.

1 Den Backofen auf 180 °C vorheizen. Den Boden von zwei runden, 20 cm großen Backformen einfetten und mit Backpapier auslegen. Die Zutaten für den Teig in eine große Schüssel geben und zu einer lockeren, cremigen Masse verarbeiten. Jeweils die Hälfte des Teiges in die vorbereiteten Backformen füllen und glatt streichen. Für etwa 25 Minuten in den Ofen schieben, bis der Teig gerade durchgebacken ist. Zum Abkühlen auf Kuchengitter stellen.

2 Einen der Böden auf eine Tortenplatte legen. Die Rosenblütenbutter darauf verstreichen und den zweiten Boden darauf setzen.

3 In einer Schüssel den Puderzucker mit 30 ml (2 EL) Rosenwasser verrühren, so dass ein dickflüssiger Zuckerguss entsteht. Falls erforderlich, tropfenweise weiteres Rosenwasser hinzufügen.

4 Den Zuckerguss mit einem Löffel auf der Torte verteilen, so dass er am Rand teilweise herunterläuft. Mit überzuckerten ganzen Rosen und Rosenpetalen verzieren.

Eine prächtige Rosenblütentorte, verziert mit überzuckerten Rosen (rechts).

Blütenöle

Im Gegensatz zu vielen anderen Zutaten, die heute praktisch das ganze Jahr über erhältlich sind, gibt es Blüten nur für kurze Zeit, und will man sich auch dann an ihnen erfreuen, wenn ihre Saison vorbei ist, müssen sie auf die eine oder andere Weise konserviert werden. Eine der besten Methoden, ihr Aroma einzufangen, ist die Herstellung von Blütenölen. Solche Öle halten sich zwischen drei und sechs Monaten und bieten die Möglichkeit, viele der einzigartigen Aromen noch zu genießen, wenn die Blüten schon lange verschwunden sind. Blütenöle lassen sich schnell ansetzen und bieten so ein sehr einfaches Verfahren, große Mengen an Blüten, etwa von Oregano oder Lavendel, in der Küche zu verarbeiten.

Für Blüten mit eher süßem Aroma, wie Lavendel, Schlüsselblumen oder Rosen, eignet sich normalerweise ein leichtes Sonnenblumenöl am besten. Die kräftigeren Aromen von Ysop, Fenchel, Dill, Minze, Oregano, Thymian und Basilikum harmonieren dagegen gut mit Olivenöl, aber auch mit Walnuss- oder Haselnussöl. Die Ergebnisse sind sehr verschieden, lohnen aber in jedem Fall einen Versuch.

Viele Blütenöle kann man dazu verwenden, das Aroma bestimmter Speisen zu unterstreichen. So eignet sich Lavendel- oder Ysopöl sehr gut zum Anbraten von geschmortem Hühnerfleisch, Fenchel- oder Dillöl zum Braten von Fisch und Salbeiöl zum Bestreichen von Schweine- oder Putenfleisch. Oregano- oder Lavendelöl kann man über eine Pizza träufeln, unmittelbar bevor man sie in den Ofen schiebt. Mit Thymianöl lassen sich Tomaten und Champignons zum Grillen vorbereiten. Thymian-, Oregano- oder Ringelblumenöl ergibt ein schmackhaftes Dressing für Pastagerichte. Minze-, Rauken- und Veilchenöl sind eine wundervolle Zutat für eine Vinaigrette und sorgen alle für ein erstaunlich unterschiedliches Aroma. Auch die Blüten von Rosen oder von Rosmarin eignen sich für Öle. Die Möglichkeiten sind also beinahe unbegrenzt.

Lavendelblütenöl setzt man im Spätsommer an, wenn die Pflanzen in voller Blüte stehen.

Aromatisches Oreganoblütenöl verleiht einer Pizza einen wundervollen Geschmack (links).

Violettrosa Basilikumblüten (rechts) lassen sich für die Wintermonate in Öl konservieren.

OREGANOBLÜTENÖL

Dieses duftende Öl lässt sich sehr einfach zubereiten und ist vielseitig verwendbar. Mischen Sie es mit Semmelbröseln und Knoblauch zum Überbacken von Champignons, Tomaten und Paprika, oder verwenden Sie es für ein aromatisches Omelett.

ERGIBT 450 ml

30–40 Oreganoblütenköpfe, sauber, trocken und insektenfrei

450 ml Olivenöl (kein natives Olivenöl extra)

1 Ein Schraubdeckelglas mit einer großen Menge Oreganoblüten füllen. Die Blüten müssen nicht einzeln abgezupft werden. Es spielt keine Rolle, wenn auch Blätter dabei sind.

2 Die Blüten mit Olivenöl übergießen. Es ist wichtig, dass die Blüten vollständig mit Öl bedeckt sind, da sie sonst zu schimmeln beginnen. Das Glas für einen Monat auf eine sonnige Fensterbank stellen. Von Zeit zu Zeit durchschütteln.

3 Das Öl durch ein Stück Käseleinen oder eine saubere Filtertüte in einen Krug gießen.

4 Das abgefilterte Öl in eine hübsche Flasche füllen und zur Dekoration einen Zweig mit Blüten oder einige einzelne Blüten dazugeben. Oreganoöl hält sich 3 Monate, wenn es Blüten enthält, und 6 Monate ohne Blüten.

KÜCHENTIPP

Da Oregano im Spätsommer über mehrere Wochen blüht und eine große Menge Blüten hervorbringt, kann man in diesem Zeitraum mehr als eine Flasche Oreganoblütenöl ansetzen.

Süße Blüten

Das Überzuckern von Blütenblättern ist nicht nur eine einfache und wirkungsvolle Methode, sie für eine gewisse Zeit haltbar zu machen, sondern der Zucker verstärkt auch ihr feines Aroma. Zudem sehen überzuckerte Blüten meist wunderschön aus. Vor allem Kissenprimeln, Veilchen, Schlüsselblumen, Nelken und Rosen wirken sehr dekorativ; die Auswahl geeigneter hübscher Blüten ist aber noch weit größer. Man kann tiefblaue Ochsenzungen-, sternförmige Borretsch- oder leuchtend rote Ananassalbeiblüten überzuckern und die Blüten einzeln verwenden oder unterschiedliche Zusammenstellungen ausprobieren.

Einige Blüten, wie die von Kissenprimeln, Schlüsselblumen, Borretsch, Salbei und Ochsenzunge, lassen sich mühelos von ihren grünen Kelchen abziehen und können im Ganzen überzuckert werden. Bei Gänseblümchen, Rosen und Nelken ist es oft am besten, nur einzelne Petalen zu überzuckern, doch lassen sich mit etwas Geduld auch die ganzen Blüten so behandeln.

Ein überzuckertes Stiefmütterchen mit hübsch gefärbten Minzeblättchen.

BLÜTEN ÜBERZUCKERN

1 Eiweiß
50 g Zucker (extrafein)
Viele einzelne Petalen und/oder ganze Blüten

1 Eine einfache Methode zum Überzuckern von Blüten ist die Verwendung von Eiweiß und Zucker, doch halten sich die Blüten dann nicht länger als 2 Tage. Die Blüten bei trockenem Wetter schneiden. Je nach gewünschtem Effekt einzelne Petalen oder ganze Blüten verwenden. Eiweiß und Zucker in getrennte Schüsseln geben.

2 Die einzelnen Petalen oder die ganzen Blüten in die Hand nehmen und die Blütenblätter auf beiden Seiten sorgfältig mit Eiweiß bestreichen.

3 Beide Seiten der Blütenblätter leicht mit Zucker bestreuen. Der Zucker bleibt an der feuchten Oberfläche haften.

KÜCHENTIPP
Bevor Blütenblätter von Rosen oder Nelken überzuckert werden, muss man den weißen Ansatz an ihrer Basis entfernen, da er bitter schmeckt.

HINWEIS
Wegen der Salmonellengefahr sollten Schwangere, Babys, Kleinkinder und ältere Menschen keine rohen Eier verzehren. Im Zweifel sollte man Eiweißpulver nehmen.

Diese Torte, die mit Rosenblütenbutter gefüllt ist, wird von ganzen überzuckerten Rosen geziert – ein bezaubernder Blickfang auf jeder Kaffeetafel.

4 Die einzelnen Petalen auf ein Blatt Pergamentpapier legen und über Nacht an einem warmen Platz trocknen lassen. Bis zur Verwendung in einem verschlossenen Behälter aufbewahren. Blütenblätter, die auf diese Weise überzuckert werden, halten sich im allgemeinen bis zu 2 Tagen.

5 Zum Trocknen ganzer überzuckerter Blüten ein Stück Schnur an der Blütenbasis befestigen oder ein Ende Blumendraht durch die Basis stecken. Die Blüten in Abständen an ein Glas hängen; dazu die Schnüre mit Klebeband befestigen oder die Drahtenden umbiegen. Die aufgehängten Blüten wie einzelne Petalen trocknen lassen.

LÄNGER HALTBARE ÜBERZUCKERTE BLÜTEN

Wenn man die Blütenblätter vor dem Überzuckern statt mit Eiweiß mit Gummiarabikum bestreicht und wie beschrieben trocknen lässt, halten sie sich mehrere Monate. Gummiarabikum gibt es in Drogerien und Apotheken. Zum Bestreichen der Blüten 5 ml (1 TL) Gummiarabikum in 25 ml (1½ EL) Wasser oder einer farblosen Spirituose wie Gin oder Wodka auflösen.

Überzuckerte Rosen wurden hier als eine exquisite Garnierung für ein Rosenblütensorbet verwendet.

BLÜTENZUCKER

Durch die Herstellung von Blütenzucker lässt sich ohne viel Aufwand das Aroma süßer Blüten einfangen. Viele verschiedene Blüten sind geeignet, wie beispielsweise Veilchen, Nelken, Zitrusblüten, Rosen, Lavendel und auch Minze. Je stärker der Duft, desto aromatischer das Ergebnis.

ERGIBT 225 g

225 g Puderzucker oder extrafeiner oder normaler Haushaltszucker
90–180 ml (6–12 EL) ganze oder klein geschnittene Petalen

1 Den Zucker und die Blütenblätter in der Küchenmaschine gründlich vermischen. In ein Schraubdeckelglas füllen und eine Woche stehen lassen.

2 Den Zucker durchsieben, um die Petalen zu entfernen, und in ein sauberes Glas mit Schraubverschluss füllen. Für Buttercremefüllungen oder zum Aromatisieren von Baisers und Sorbets nehmen.

Mit Rosenblütenzucker zubereitete Baisers, verziert mit überzuckerten Nelkenpetalen (rechts).

MANDELPLÄTZCHEN

ERGIBT ETWA 24 STÜCK

115 g Butter
115 g Zucker (extrafein)
115 g gemahlene Mandeln
1 Ei, getrennt
5 ml (1 TL) naturreine Vanille-Essenz
115 g Mehl, gesiebt

Zum Verzieren

75–100 überzuckerte Nelkenpetalen (oder Petalen von Rosen, Kissenprimeln oder Veilchen)
Zuckerguss aus 50 g Puderzucker und 8 ml (1 1/2 TL) Wasser

1 Den Backofen auf 180 °C vorheizen. Ein Backblech einfetten.

2 In einer großen Schüssel die Butter und den Zucker schaumig schlagen. Die gemahlenen Mandeln, das Eigelb, die Vanille-Essenz und das Mehl hinzufügen und alles zu einem Teig verkneten.

3 Aus dem Teig kleine Kugeln von gut 2 cm Durchmesser formen und diese auf das Backblech setzen. Mit verschlagenem Eiweiß bestreichen und etwa 15 Minuten backen. Die Plätzchen auf einem Kuchengitter abkühlen lassen.

4 Zum Verzieren etwas Zuckerguss auf die Plätzchen geben und einige überzuckerte Nelkenpetalen darauf legen.

Mandelplätzchen mit überzuckerten Nelkenblütenblättern (rechts).

Blütenzucker kann man über Gebäck, Sahne oder Joghurt streuen (links).

Duftende Tees aus Blüten

Blütentees sind erfrischende, belebende und preiswerte Getränke, die sich schnell zubereiten lassen. Viele von ihnen können heiß oder kalt getrunken werden – je nach Tageszeit oder persönlicher Vorliebe. Zitronensaft oder Honig geben zusätzliches Aroma oder Süße; mit Milch sollte man Blütentees aber nicht trinken. Es sind leichte und duftende Tees, die rein und klar bleiben sollen.

Die Auswahl geeigneter Blüten ist groß, wie etwa die von Kamille, Löwenzahn, Holunder, Ysop, Rose, Dill, Zitronenstrauch, Lavendel, Linde, Jasmin, Pfefferminze, Indianernessel und Hibiskus, um nur einige zu nennen. Zur Zubereitung nimmt man eine kleine Menge sauberer Blüten (bei Zitronenstrauch, Pfefferminze und Indianernessel können auch ein paar Blätter hinzugefügt werden) und gießt eine Tasse kochendes Wasser darüber. Man lässt den Tee etwa vier Minuten ziehen und nimmt dann die Blüten und gegebenenfalls die Blätter heraus. Der Tee kann warm oder gekühlt getrunken werden. Viele Blüten lassen sich auch trocknen und zu einem späteren Zeitpunkt verwenden. Trocknen Sie die Blüten im Schatten und bewahren Sie sie in beschrifteten, luftdicht verschlossenen Teedosen auf.

Viele Kräutertees werden seit Jahrhunderten zu medizinischen Zwecken genutzt. Zum Beispiel helfen Lavendel, Thymian, Salbei und Ysop bei Erkältungen; Hopfen, Kamille und Lindenblüten wirken Schlaflosigkeit entgegen. Aber auch unabhängig von ihrer heilenden Wirkung ist schon der Duft dieser Tees eine Wohltat und ein guter Grund, sie zu trinken.

Lavendeltee

YSOPTEE

Einen Stengel blühenden Ysop in eine Tasse legen und mit kochendem Wasser übergießen. 4 Minuten ziehen lassen, dann den Blütenstengel herausnehmen. Ysop ergibt einen bemerkenswerten Tee von sehr angenehmem Aroma und reizvoller hellblauer Farbe. Man kann ihn heiß oder kalt trinken. Er lindert Erkältungsbeschwerden und Halsentzündungen.

ZITRONENSTRAUCHTEE

Eine Blütenrispe sowie einige Blätter des Zitronenstrauchs in eine Tasse geben. Mit kochendem Wasser übergießen und 4 Minuten ziehen lassen. Dann die Blütenrispe und die Blätter entfernen. Der Tee, der ein herrliches Zitronenaroma und eine blassgelbe Farbe hat, ist wunderbar belebend und erfrischend. Man kann ihn ganz nach Belieben mit etwas Honig süßen und heiß oder gekühlt trinken.

LAVENDELTEE

Zwei oder drei Stengel Lavendelblüten in ein Teeglas geben und mit kochendem Wasser übergießen. Etwa 4 Minuten ziehen lassen, dann die Blütenstengel herausnehmen. Der Tee hat eine blassblaue Farbe und einen belebenden Lavendelduft.

INDIANERNESSELTEE

Schon die nordamerikanischen Indianer vom Ontariosee bereiteten Tee aus Blättern der Indianernessel zu. Nach der Boston Tea Party im Jahr 1773 übernahmen die englischen Siedler diesen Tee als Ersatz für schwarzen Tee. Die Blüten haben das gleiche Aroma wie die Blätter, sind aber süßer und extravaganter. Übergießen Sie eine Indianernesselblüte sowie 1/2 TL Orange-Pekoe-Tee mit heißem Wasser und lassen Sie den Tee einige Minuten ziehen. Den Tee anschließend durch ein Sieb gießen und ein paar frische Blütenblätter mit in das Teeglas geben.

Lindenblütentee. Wie Kamillentee wirkt auch Lindenblütentee beruhigend und schlaffördernd.

Kamillentee (unten links).

Hibiskus-Rosmarin-Tee (unten rechts).

KAMILLENTEE

Kamillenblüten ergeben einen der besten Beruhigungstees und wirken, wie auch Lindenblüten, schlaffördernd. Der Tee kann ziemlich bitter werden, wenn man zu viele Blüten verwendet oder ihn zu lange ziehen lässt. Nehmen Sie nur 3 oder 4 Blütenköpfchen und süßen Sie den Tee nach Belieben mit ein wenig Honig. Der Tee hat einen starken, sehr angenehmen Duft.

LINDENBLÜTENTEE

Die Lindenblüten pflücken, wenn sie sich gerade zu öffnen beginnen. Pro Tasse fünf oder sechs frische Lindenblüten mit heißem, aber nicht kochendem Wasser übergießen. Nicht länger als 3–4 Minuten ziehen lassen, dann durch ein Sieb gießen. Der Tee kann heiß oder kalt mit einer Scheibe Zitrone oder mit Honig gesüßt getrunken werden. Er hat eine hellgelbe Farbe und schmeckt erstaunlich sahnig.

HIBISKUS-ROSMARIN-TEE

Hibiskusblüten sehen prächtig und exotisch aus mit ihren schön gefärbten, zarten, breiten Blütenblättern. Für sich allein kann ihr Aroma allerdings enttäuschend sein, so dass man sie am besten mit einem Zweig Rosmarin kombiniert. Kochendes Wasser dazugießen und nach 4 Minuten den Rosmarin herausnehmen, den Hibiskus jedoch im Tee belassen. Das Ergebnis ist überaus ansprechend – ein wohlriechender aromatischer Tee mit einer exotischen Blüte in der Teetasse. Man kann den Tee auch gekühlt trinken und eine frische Blüte hinzufügen.

PFEFFERMINZTEE

Ein einziger Stengel Pfefferminze mit Blättern und Blüten reicht für einen köstlichen Tee aus, der ein angenehmes Pfefferminzaroma hat, aber nicht zu kräftig ist. Ob heiß oder kalt serviert, man sollte ihn unbedingt probieren.

Kalte Getränke, Bowlen und Liköre

Ohne eine erfrischende Bowle ist ein Sommer einfach kein Sommer. Hier sorgen Minzeblüten und -blätter sowie leuchtend blaue Borretschblüten für die besondere Note.

Viele kalte Getränke, sowohl mit als auch ohne Alkohol, wurden früher mit Blüten aromatisiert, und auch heute werden manche von ihnen noch geschätzt. Am bekanntesten dürften wohl Holunderblütensekt und -likör sein. Beide schmecken köstlich, wobei besonders der Holunderblütensekt ein großer Genuss ist. Darüber hinaus gibt es zahlreiche andere alte Rezepte. Leider werden diese Getränke heutzutage viel zu selten genossen.

So pflückte man früher auf den Feldern und Wiesen Blüten von Kissenprimeln, Schlüsselblumen, Muskatellersalbei, Klee, Mädesüß, Besen- und Stechginster und von den Feldhecken Weißdorn- und Geißblattblüten, um Wein daraus zu bereiten. Kamille und Lindenblüten nahm man für Tees und Wein. Liköre wurden mit Veilchen, Weißdorn und Engelwurz aromatisiert. Aus Löwenzahn und Hopfen machte man Wein und Bier, und Hopfen und Schlüsselblumen setzte man mit Honig für Met an.

Waldmeister ist seit langem eine geschätzte Zutat für Getränke. Er ist in vielen Waldregionen Europas heimisch und wird auf unterschiedliche Weise verwendet. In Deutschland ist Maibowle beliebt, für die man Waldmeisterblättchen und -blüten eine halbe Stunde in gekühltem Mosel- oder anderem Weißwein ziehen lässt und dann nach Belieben mit Sekt oder Mineralwasser auffüllt. Getrunken wird die Bowle mit frischen Blütenstengeln und einer Scheibe Zitrone. In Frankreich wird Waldmeister mit Champagner serviert, und in der Schweiz nimmt man ihn zum Aromatisieren von Cognac und Bénédictine. Mit Waldmeister lässt sich auch Apfelsaft verfeinern, oder man kombiniert Waldmeister mit Erdbeerblättern, um einen Tee daraus zu kochen.

HOLUNDERBLÜTENSEKT

Holunderblüten

ERGIBT 4,5 l

- 600 g Zucker
- 4,5 l Wasser
- 6–8 große Holunderblütendolden, trocken und insektenfrei
- 2 unbehandelte Zitronen, in Scheiben geschnitten
- 30 ml (2 EL) Weißweinessig

1 Den Zucker in 2,25 l heißem (nicht kochendem) Wasser auflösen. Dann 2,25 l kaltes Wasser dazugießen.

2 Sobald das Wasser abgekühlt ist, Holunderblüten, Zitronenscheiben und Weißweinessig hinzufügen. 24–48 Stunden stehen lassen.

3 Durch ein Sieb in dickwandige Glasflaschen füllen und fest verkorken. (Die Korken am besten zusätzlich mit Draht sichern.) Das Getränk kann nach etwa 6 Tagen getrunken werden.

MINZEBLÜTEN-JOGHURT-GETRÄNK

Dieses dickflüssige, fruchtige Getränk ist das Richtige für heiße Sommertage. Statt mit Himbeeren kann es auch mit frischem Pfirsich zubereitet werden.

FÜR 2 PERSONEN
225 ml Joghurt
100 ml Mineralwasser
75 g Himbeeren
50 g Zucker
2 Stengel blühende Minze

Zum Garnieren
2 Stengel blühende Minze

1 Die Zutaten im Mixer verrühren, bis die Himbeeren und die Minzestengel püriert sind. In einen Glaskrug gießen und kalt stellen.

2 In hohen Gläsern servieren und mit Minzeblüten garnieren.

ERDBEERBOWLE MIT ROSENPETALEN

Mit ihren farbenfrohen Blütenblättern und ihrer kräftigen rosaroten Farbe macht diese Bowle bei jeder Sommerparty Eindruck. Wer möchte, kann statt Erdbeeren auch Himbeeren nehmen.

FÜR 8 BIS 10 PERSONEN
1 Flasche Rosé-Wein, gekühlt
60 ml (4 EL) Wodka
75 g Erdbeeren, halbiert
Eine Hand voll duftende Rosenpetalen, die weißen Ansätze an der Basis entfernt
1 Flasche Mineralwasser

1 Den kalten Rosé-Wein in ein Bowlengefäß aus Glas gießen. Den Wodka und die halbierten Erdbeeren hinzufügen.

2 Eine Hand voll duftende Rosenpetalen darüber streuen. Für 1 Stunde kalt stellen. Vor dem Servieren mit dem Mineralwasser aufgießen.

Gefrorene Blüten

Man kann sich kaum etwas Reizvolleres vorstellen als Blüten, die in Eis konserviert sind. Auf diese Weise verzierte Eiswürfel lassen sich beispielsweise zum Kühlen von Sommergetränken wie Limonade oder Bowle verwenden. Sie können aber auch als Blickfang in einer gekühlten Suppe dienen. Für Partys und andere Feste kann man eine Schale aus Eis herstellen, in die Blüten und Blätter eigefroren sind. Diese nicht alltägliche Dekoration wird sicher viel Bewunderung hervorrufen.

In einer solchen Eisschale kann man eine gekühlte Bowle, ein Sorbet oder ein anderes Dessert – alles ebenfalls mit Blüten aromatisiert – servieren. Die Herstellung der Schale erfordert zwar ein wenig Zeit, lohnt aber in jedem Fall die Mühe. Die Auswahl dafür geeigneter Blüten ist groß, wie zum Beispiel alle Arten von Duftpelargonien, Zwergrosen, Borretsch, Nelken, Nachtviolen und Minze. Besonders schön wirken Blüten mit außergewöhnlichen Formen und Farben oder mit einer interessanten Zeichnung auf den Petalen.

Eine Eiswürfelschale mit gefrorenen Duftpelargonien (oben).

MIT BLÜTEN VERZIERTE EISWÜRFEL

Das Verfahren zur Herstellung dieser hübschen Eiswürfel ist denkbar einfach, wichtig ist jedoch, dass die einzelnen Blüten in ihrer Größe und Form zu den Abmessungen der Unterteilungen der Eiswürfelschale passen. So sind zum Beispiel die ganzen Blütenköpfe von Duftpelargonien zu groß für einen einzelnen Eiswürfel. Nehmen Sie also in einem solchen Fall nur ein oder zwei Einzelblüten pro Eiswürfel, und versuchen sie, so viel wie möglich vom Blütenstiel und den grünen Teilen zu entfernen, ohne dass die Blüte auseinanderfällt.

KÜCHENTIPP
Anstelle von Wasser können Sie für die Eiswürfel auch Limonade oder Fruchtsaft nehmen. Wenn die Eiswürfel im Glas schmelzen, verleiht das Zusammenspiel von Frucht und Blüte dem Getränk ein köstliches Aroma.

Alle essbaren Blüten können in Eis eingefroren werden und verleihen so jedem Getränk das gewisse Etwas (rechts).

FÜR 2 EISWÜRFELSCHALEN
- Verschiedene frische, saubere Blüten
- Wasser zum Füllen von 2 Eiswürfelschalen

1 Zunächst die Blüten vorbereiten. Bei Duftpelargonien die einzelnen Blüten abschneiden. Es können vier bis sechs Stück pro Blütenkopf sein, die sich einzeln oder in Gruppen verwenden lassen.

2 Die Unterteilungen der Eiswürfelschale etwa zur Hälfte mit Wasser füllen.

3 Blüten oder einzelne Petalen auf das Wasser legen; am besten geht dies mit einer Pinzette. Die Schale ins Tiefkühlgerät stellen, bis das Wasser gefroren ist.

4 Aus dem Tiefkühlgerät nehmen und die Eiswürfelfächer bis zum Rand mit Wasser füllen. Bis zur Verwendung zurück ins Tiefkühlgerät stellen.

EISSCHALE MIT BLÜTENDEKOR

Besonders schöne essbare Blüten lassen sich in Form von Eisschalen äußerst dekorativ zur Geltung bringen. Man braucht sich dabei nicht auf eine Blumenart oder Farbe zu beschränken. So harmonieren zum Beispiel kalte Blau- und Pinktöne ausgezeichnet miteinander, und auch Kombinationen aus verschiedenen Arten von Blumen und einigen Blättern sehen bezaubernd aus.

Da solche Eisschalen irgendwann schmelzen, eignen sie sich am besten zum Servieren von Eiscremes, Sorbets oder anderen kalten Nachspeisen. Stellen Sie die Schale auf einen Teller oder auf eine Tortenplatte mit Fuß, die im Kühlschrank vorgekühlt wurden. Wenn das Dessert serviert ist, schmilzt das Eis langsam und die Blüten sehen dann noch zerbrechlicher und schöner aus.

FÜR 1 GROSSE EISSCHALE

Verschiedene rosafarbene Rosen, Knospen und Blätter

12 kleine Blüten, wie etwa Stiefmütterchen, Gebirgsnelken oder Gänseblümchen

Eiswürfel

1 Einige Rosenblüten und -knospen, andere kleine Blüten sowie Stiele mit Blättern auf dem Boden einer großen Schüssel von 3 l Fassungsvermögen verteilen. Darauf achten, dass sich die Blüten nicht berühren, und sie mit vielen Eiswürfeln beschweren.

2 Eine etwas kleinere Schüssel von gut 1,5 l Inhalt so auf die Eiswürfel setzen, dass sie in der Mitte steht und die beiden Schüsseln rundum den gleichen Abstand zueinander haben. Kaltes Wasser zwischen die Schüsseln gießen, bis es an den Seiten etwa 4 cm hoch reicht. Bleibt die kleinere Schüssel nicht an ihrem Platz, zusammengeknülltes Küchenpapier zwischen die Schüsseln stecken, damit sie fest in der Mitte steht. Das Ganze ins Tiefkühlgerät stellen und die innere Schüssel mit Gewichten beschweren

3 Sobald das Wasser (nach etwa 2–3 Stunden) gefroren ist, die Schüsseln aus dem Tiefkühlgerät nehmen und die Gewichte (und gegebenenfalls das Papier) entfernen. Weitere Blüten, Petalen und Blätter zwischen die Schüsseln stecken und bis 1 cm unter den Schüsselrand Wasser auffüllen. Für wenigstens 5 Stunden oder über Nacht in das Tiefkühlgerät stellen, bis das Wasser durchgefroren ist. Aus dem Tiefkühlgerät nehmen und 5 Minuten stehen lassen. Das Spülbecken oder eine Waschschüssel mit heißem Wasser füllen und die beiden Schüsseln für einige Sekunden hineintauchen. Eventuell wiederholen, bis sich die äußere Schüssel problemlos löst; die Schüsseln nicht zu lange im heißen Wasser lassen, da die Eisschale sonst schmilzt. Um die innere Schüssel zu entfernen, etwas heißes Wasser hineingießen und an der Schüssel drehen, bis sie sich herausheben lässt. Die Eisschale bis zur Verwendung ins Tiefkühlgerät stellen.

KÜCHENTIPP

Eisschalen sind wunderschöne Gefäße für Eiscremes und Sorbets. Sie lassen sich in jeder gewünschten Größe, von einzelnen Portionsschälchen bis zu sehr großen Schalen, herstellen. Unabhängig von der Größe sollte der Abstand zwischen den beiden ineinander gestellten Glasschüsseln etwa 2 cm betragen.

Diese exquisite Eisschale dient als Serviergefäß für ein Rosensorbet (rechts).

Blüten für Salate

Ringelblumenpetalen und Curry-Eier.

So viele Blüten sind eine Bereicherung für Salate, und dennoch werden sie nur selten verwendet. Kapuzinerkresse in Salaten ist den meisten von uns einigermaßen vertraut, manch einer hat vielleicht auch Schnittlauchblüten ausprobiert, doch wer kennt schon den frischen Zuckererbsengeschmack von Taglilien oder das pikante, nussige Aroma von Nachtviolenblüten in einem Salat?

Blüten für Salate zeichnen sich durch verschiedene Merkmale aus. Als erstes wäre ihre Textur zu nennen: Manche haben eine seidenweiche Konsistenz, wie beispielsweise Stockrosen- und Schinkenkrautblüten, andere dagegen sind knackig, wie etwa Taglilien- und Schnittlauchblüten.

Der zweite Aspekt ist ihr Geschmack: Es gibt Blüten, die nach Anis schmecken, wie Süßdolde und Fenchel, andere, etwa Kapuzinerkresse, sind scharf und pfeffrig, und wieder andere, wie Rauke, haben ein nussiges Aroma. Borretsch schmeckt fast wie Salatgurke, während das Aroma von Salbei, Thymian, Oregano und Majoran dem Geschmack ihrer Blätter ähnelt, nur etwas süßer ist. Dies trifft auch auf die Blüten von Rosmarin, Basilikum und Ysop zu. Als Kinder haben manche von uns den süßen Nektar aus weißen Taubnesseln und rotem Klee gesaugt. Auch bei vielen Gartenblumen findet sich der gleiche köstlich süße Geschmack in den Blüten.

Ein weiterer Pluspunkt von Blüten in Salaten sind ihre leuchtenden Farben, die das Auge erfreuen. Ringelblumen gibt es in einer breiten Palette von kräftigen Orange- und Gelbtönen. Kapuzinerkresse und Sonnenblumen zeichnen sich durch die gleiche Leuchtkraft ihrer unterschiedlichen Gelb- und Rottöne aus. Auch Taglilien gibt es in den verschiedensten Farben, am verbreitetsten und zweifellos am schönsten sind sie jedoch in Hellorange. Ochsenzungenblüten weisen eine leuchtende tiefblaue Farbe auf; Ysop und Salbei sind fast ebenso kräftig gefärbt. Borretsch hat ein weicheres Blau und schwarze Staubgefäße. Indianernesselblüten können kräftig rosa oder rot sein, während die Stockrosen von einem Beinaheschwarz bis Hellgelb und Weiß reichen. Kissenprimeln, Schlüsselblumen, Fenchel und Dill haben Blüten in verschiedenen Gelbtönen, aber das schönste Gelb besitzt das Schinkenkraut.

Rosenblätter auf gemischtem Salat.

Blüten für Salate zu verschiedenen Jahreszeiten

Im Frühling sind hellgelbe Kissenprimelblüten sowie violette und weiße Duftveilchen schmackhafte und sehr hübsche Zutaten, die jedem grünen Salat einen besonderen Reiz verleihen. Man kann sie auch über hart gekochte Eier, Salatgurke oder Tomaten streuen. Etwas später blühen dann süß duftende Schlüsselblumen und rosarote, rote und weiße Gänseblümchen, die in Salaten ebenso schön aussehen. Rosmarinblüten sind klein, aber sehr süß und wohlschmeckend und haben eine wundervolle blaue Farbe.

Im späten Frühjahr und im Frühsommer steht die Süßdolde in voller Blüte. Ihre winzigen weißen Blüten haben ein kräftiges Anisaroma, das auch den einfachsten Salaten einen außergewöhnlichen Geschmack verleiht. Die Blätter – und später auch die halbreifen Samen – besitzen die gleiche geschmackliche Qualität und passen ebenso gut in die Salatschüssel. Etwa zur gleichen Zeit erscheinen auch die lilafarbenen Blütenköpfe des Schnittlauchs, die intensiv nach Zwiebel schmecken. Über Eier oder Kopfsalat gestreut, sehen die kleinen Blüten entzückend aus und sorgen für einen knackigen

Biss. Bald darauf blüht der Salbei, der immer wieder neue wohlschmeckende längliche Blüten hervorbringt. Auch Ringelblumen mit ihren zahllosen Petalen stehen dann in Blüte und bestechen durch ihre prachtvolle Farbe. Man kann die Blütenblätter über jegliche Art von Salat streuen – entweder für sich allein oder zusammen mit Schnittlauchblüten.

Ein weiterer beliebter Blütenlieferant zu dieser Jahreszeit ist der Borretsch. Seine zarten Blütensterne mit ihrer außergewöhnlichen Kombination von Schwarz und Blau haben ein feines Gurkenaroma. Borretschblüten vertragen sich geschmacklich ebenso gut mit grünen Salaten wie mit Obstsalaten. Das Gleiche gilt für die Blüten der Ochsenzunge; diese besitzen zwar kein sehr ausgeprägtes Aroma, ihr Blau ist aber überaus reizvoll und zum Beispiel der ideale Kontrast zu einem Orangensalat.

Die Blüten der Ochsenzunge harmonieren mit der Farbe von Orangen.

Im Frühsommer blühen die verschiedensten Duftnelken sowie Duftpelargonien und Nachtviolen. Bald darauf entfalten Stockrosen und Hibiskus ihre Blütenpracht. Sie sehen in Salaten wunderschön aus, sind aber weniger aromatisch als andere Blüten. Für Farbe und Geschmack sorgt dagegen Ananassalbei. Seine grazilen länglichen Blüten sind süß und köstlich, und sie wirken mit ihrer leuchtend roten Farbe spektakulär. Alle diese Blüten eignen sich ausgezeichnet für sommerliche Obstsalate, doch spricht nichts dagegen, sie auch in grünen Salaten zu verwenden.

Rauke kann zu dieser Zeit ebenfalls schon blühen, je nachdem, wann sie ausgesät wurde. Manche Gärtner werfen sie weg, sobald sie Samen ansetzt, doch wenn man verwelkte Blüten abschneidet, bringt sie immer neue hervor. Rauke hat einen ausgeprägten nussigen Geschmack. Die vier wie ein Malteserkreuz angeordneten Petalen wirken auf den ersten Blick recht unscheinbar, sind aber auf der Unterseite interessant gemasert.

Später im Jahr sind Blüten wie rosafarbene oder rote Indianernessel, feuerrote Kapuzinerkresse und Sonnenblumen ausgezeichnet als Zutat für Blattsalate geeignet. Junge Indianernessel- und Kapuzinerkresseblätter geben Salaten zusätzlich Struktur und Aroma und wirken durch ihre Form sehr dekorativ. In Scheiben geschnittene Rote Bete sehen herrlich aus mit all diesen lebhaft gefärbten Blüten. Die gelben Blüten von Dill und Fenchel passen gut zu Salaten, aber auch zu Fisch oder Pâtés. Basilikumblüten sind oftmals klein, doch schmecken sie so süß und aromatisch, dass man sie so oft wie möglich verwenden sollte. Selbst ein einfacher Tomatensalat bekommt durch Basilikumblüten eine besondere Note. Auch Thymian- und Ysopblüten sind klein, aber farbenfroh und schmackhaft und sollten daher recht großzügig verwendet werden, speziell zu Huhn. Die Blüten und Blätter von Oregano zeichnen sich durch ein warmes Aroma aus und sind eine geschmackliche Bereicherung für Pizzas und Salate. Auch sämtliche Minzearten bringen Blüten hervor, und sie machen fast jeden Salat interessanter. Darüber hinaus lässt sich mit Minzeblüten eine wundervolle Vinaigrette zubereiten.

Stockrosenpetalen und Nektarinen mit Minzeblüten.

Ein Obstsalat mit Borretschblüten und Sommerbeeren.

Blütenblätter des Schinkenkrauts auf Melonenspalten.

FRÜHSOMMERSALAT MIT SALBEI- UND SCHNITTLAUCHBLÜTEN

FÜR 4 BIS 6 PERSONEN

2 Köpfe Mini-Romanasalat (Little Gem)
100 g Zuckererbsen
1/4 Salatgurke
2 Stangen Bleichsellerie
Je eine kleine Hand voll Salbei- und Schnittlauchblüten, die grünen Teile entfernt

Für das Dressing

60 ml (4 EL) mildes Olivenöl
10 ml (2 TL) Zitronensaft
Grobes Salz und frisch gemahlener schwarzer Pfeffer

1 Die Salatblätter voneinander lösen, größere Blätter in Stücke zupfen. Die Zuckererbsen der Länge nach halbieren. Die Gurke halbieren und in dünne Scheiben schneiden. Den Bleichsellerie schräg in Streifen schneiden. Die Salatzutaten in eine Schüssel geben und die Salbei- und Schnittlauchblüten unterheben.

2 Das Olivenöl mit dem Zitronensaft verrühren, mit Salz und Pfeffer abschmecken und über den Salat gießen. Den Salat behutsam durchheben und servieren.

SPÄTSOMMERSALAT MIT KAPUZINERKRESSE

FÜR 4 BIS 6 PERSONEN

Etwa 16 junge Kapuzinerkresseblätter
Gemischter Blattsalat
2–3 gegarte Rote Bete
Etwa 16 ganze Kapuzinerkresseblüten, die Stiele entfernt
Etwa 4–6 Kapuzinerkresseknospen

Für das Dressing

4 zerstoßene Kapuzinerkressesamen
60 ml (4 EL) Walnuss- oder Olivenöl
10 ml (2 TL) Weißweinessig oder Balsamico
Grobes Salz und frisch gemahlener schwarzer Pfeffer

1 Die jungen Kapuzinerkresseblätter in gleichmäßigem Abstand an den Rand einer hohen Salatschüssel legen. Etwas gemischten Blattsalat in der Mitte der Schüssel verteilen.

2 Die Rote Bete in dünne Scheiben schneiden und in einer Lage zwischen den Kapuzinerkresseblättern und dem gemischten Blattsalat anordnen.

3 Mit Kapuzinerkresseblüten und -knospen garnieren und eine besonders schöne ganze Blüte in die Mitte setzen.

4 Die Zutaten für das Dressing verrühren und vor dem Servieren über den Salat geben.

Spätsommersalat mit Kapuzinerkresse (links und rechts).

Rosmarinkekse Minzeblütenessig

Johannisbeer-Mousse mit Gänseblümchen

Schlüsselblumen-Syllabub Fenchelsorbet

Geschmortes Huhn mit Lavendel

Apfelschnee mit Zitronenstrauch-Aroma

Provenzalische Thymian-Champignons

Tagliatelle mit Zucchiniblüten

Sonnenblumenbrot Überzuckerte Nelken

Senfsauce mit Salbeiblüten Sommerbowle

Ringelblumensalat mit Curry-Eiern

Pflanzideen und Rezepte

Viele essbare Blüten bereiten dem Gärtner ebenso große Freude wie dem Koch oder der Köchin. Dieses Kapitel zeigt eine Reihe von Pflanzideen mit detaillierten Informationen für wunderschöne Arrangements in Töpfen und im Garten; jeweils im Anschluss finden sich delikate Rezepte für die reiche Blütenernte. Sowohl die Pflanzvorschläge wie auch die kulinarischen Zubereitungen sind Schritt für Schritt erklärt, so dass sich der Erfolg im Garten und in der Küche garantiert einstellt.

Blätter von Duftpelargonien verströmen einen himmlischen Geruch. Blätter und Blüten lassen sich wunderbar in der Küche verwenden.

Veilchen und Primeln

Veilchen gehören zu den ersten Pflanzen, die im Frühling blühen. Schon nach wenigen Jahren bilden sie einen dichten Teppich.

Duftveilchen sind immergrüne Stauden aus Süd- und Westeuropa und werden bis ungefähr 10 cm hoch. Sie verwildern leicht und gedeihen am besten im Halbschatten. Ihre kleinen, sehr empfindlichen blauen oder weißen Blüten erscheinen vom späten Winter bis zum zeitigen Frühjahr. Mitunter blühen sie im Herbst ein weiteres Mal. Veilchen bilden dicke Rhizome und vermehren sich durch Ausläufer, können aber auch ausgesät werden. Parmaveilchen duften ebenfalls sehr stark und haben etwas größere blaue, rosa, violette oder weiße Blüten. Seit einigen Jahren sind sie auch bei uns in manchen Gartencentern erhältlich. Ihre Farbe, ihr Duft und ihr Geschmack lohnen die Suche.

Kissenprimeln sind ebenfalls Stauden und wegen ihres zarten Duftes und ihrer schönen Farbe stets im Garten willkommen. Sie sind in ganz Europa verbreitet und gedeihen gut im Halbschatten und in nicht zu trockener Erde. In trockenen Jahren verlieren sie im Spätsommer oftmals ihre Blätter, bilden dann aber im Herbst neue aus. Im Frühling und im Herbst lassen sie sich zur Vermehrung leicht teilen.

Kissenprimeln säen sich leicht selbst aus. Sie lieben ein schattiges Plätzchen, zum Beispiel unter einer Hecke, wo sie sich gut ausbreiten können.

Im Garten

BLAUE UND WEISSE VEILCHEN MIT KISSENPRIMELN UND MUTTERKRAUT

Veilchen und Kissenprimeln harmonieren im zeitigen Frühjahr wunderbar in einem Pflanzkübel. Mutterkraut 'Aureum' besticht durch seine hübsch gefärbten Blätter, und zusammen ergeben diese Frühlingsboten ein Arrangement voller Duft und süßer Aromen.

- PFLANZEN
  1 blaues Duftveilchen *(Viola odorata)*
  2 weiße Duftveilchen *(Viola odorata)*
  1 Kissenprimel *(Primula vulgaris)*
  2 Mutterkrautpflanzen *(Tanacetum parthenium 'Aureum')*
- DRAINAGE Topfscherben (Porzellan), Kies oder kleine Styroporstücke.
- SUBSTRAT (PFLANZERDE) Für Pflanzgefäße frisches Substrat verwenden. Geeignet ist ein Substrat auf Lehmbasis oder eine andere handelsübliche Pflanzerde.
- PFLANZGEFÄSS Hier wurde ein mittelgroßer Steingutkübel von 35 cm Durchmesser und knapp 20 cm Höhe verwendet. Für das Arrangement eignen sich jedoch auch andere Pflanzgefäße, wie ein größerer Kübel, ein halbes Holzfass oder ein Weidenkorb.
- STANDORT Sonne oder Schatten.
- PFLANZZEIT Später Winter.
- HAUPTBLÜTEZEIT Zeitiges Frühjahr bis Frühlingsmitte.

1 Auf dem Boden des Pflanzgefäßes 2–3 cm hoch Drainagematerial verteilen.

2 Das Pflanzgefäß etwa 8 cm hoch mit Substrat füllen; bei einem höheren Gefäß entsprechend mehr Substrat nehmen.

3 Die Pflanzen rundum am Rand platzieren und das blaue Veilchen in die Mitte setzen.

4 Alle Zwischenräume zwischen den Pflanzen mit Substrat füllen, so dass es gleichmäßig verteilt ist und bis gut 2 cm unter den Rand des Gefäßes reicht. Danach die Pflanzen gut angießen. Das Substrat rund um jede Pflanze andrücken und, falls erforderlich, weiteres Substrat einfüllen.

PFLEGE

Es ist wichtig, dass die Pflanzerde immer feucht gehalten wird und nicht austrocknet. Um das Blütenwachstum zu fördern, alle verwelkten Blüten entfernen. Zum Gebrauch in der Küche stets nur ganz frische Blüten abschneiden. Nach der Blüte können die Pflanzen an einen schattigen Platz im Garten oder in einen größeren Kübel gepflanzt werden, wo sie im folgenden Jahr erneut blühen.

In der Küche

Duftveilchen werden seit Jahrhunderten in der Küche verwendet. Veilchenwein war bei den Persern und Römern überaus beliebt, während man im England der Tudorzeit gerne Sirup, Eingemachtes und Veilchenbonbons aus ihnen zubereitete. Rezepte aus dem 17. Jahrhundert lassen darauf schließen, dass man in Frankreich Honig mit Veilchen aromatisierte, während in England junge Veilchenblätter gebraten und mit Zucker gegessen wurden, der mit Orange und Zitrone aromatisiert war. Auch Kissenprimeln werden seit Generationen kandiert oder überzuckert und zum Herstellen von Wein verwendet. Die Blätter von Mutterkraut, einem Mittel gegen Migräne und Rheuma, schmecken dagegen extrem bitter und eignen sich daher nicht als Zutat in der Küche. Das folgende Rezept greift die alte Tradition auf, Kissenprimeln und Veilchen über Salate zu streuen.

Kissenprimeln und Duftveilchen sind eine Bereicherung für alle Frühlingssalate. Sie wirken auch hübsch als Garnierung, etwa auf Pâtés, oder als Verzierung auf Kuchen.

In der Küche FRÜHLINGSSALAT

FÜR 4 PERSONEN
2 Frühlingszwiebeln
2 reife Avocados
30 ml (2 EL) Zitronensaft
150 g milder Ziegenkäse
Je eine kleine Hand voll Kissenprimel- und Veilchenblüten

Für das Dressing
90 ml (6 EL) helles Olivenöl
30 ml (2 EL) Weißweinessig oder Veilchenessig (siehe gegenüberliegende Seite)
1 TL Senfpulver
1 TL Zucker (extrafein)
Salz und frisch gemahlener schwarzer Pfeffer

Blüten von Veilchen und Kissenprimeln verleihen jedem Frühlingssalat Aroma und Farbe. Nehmen Sie einfach Ihre Lieblingszutaten und streuen Sie die Blüten darüber. Hier werden blaue Veilchen und gelbe Kissenprimeln für einen Salat mit Avocado und cremigem Ziegenkäse verwendet. Sie sollten nur ganz frische Blüten pflücken, sie ins Wasser stellen und noch am selben Tag verwenden.

1 Für das Dressing Öl, Essig, Senfpulver und Zucker in einer Schüssel mit einer Gabel verrühren; mit Salz und Pfeffer abschmecken. Bis zur Verwendung in den Kühlschrank stellen.

2 Die Frühlingszwiebeln putzen, der Länge nach in dünne Streifen und dann quer in 5 cm lange Stücke schneiden. In eine Schüssel mit kaltem Wasser legen, damit sie sich zusammenrollen. Für 1 Stunde an einen kühlen Platz stellen.

3 Die Avocados halbieren, den großen Samenkern in der Mitte entfernen und die Früchte schälen. In sehr feine Scheiben schneiden und in Zitronensaft wenden, damit sie sich nicht verfärben. Den Käse in kleine Stücke schneiden. Von den Blüten alle grünen Teile entfernen.

4 Zum Servieren die Avocadoscheiben und den Käse auf Serviertellern anrichten und die abgetropften Frühlingszwiebeln dazugeben. Kissenprimel- und Veilchenblüten hinzufügen und das Dressing darüber gießen.

VEILCHENESSIG

Eine köstliche Alternative zu einer üblichen Vinaigrette lässt sich zubereiten, wenn man Veilchenessig anstatt Weißweinessig verwendet. Um Veilchenessig herzustellen, lässt man Blütenblätter von blauen Duftveilchen für etwa 4 Wochen in Weißweinessig ziehen. Dazu ein Schraubdeckelglas nehmen und es bis zum Rand mit Veilchenpetalen und Essig füllen. Das Glas fest verschließen und auf eine sonnige Fensterbank stellen. Die wärmende Sonne trägt dazu bei, dass die Blütenöle freigesetzt werden. Von Zeit zu Zeit durchschütteln. Sobald sich der Essig blau gefärbt hat, die Flüssigkeit durch ein Sieb gießen. Veilchenessig eignet sich zur Zubereitung von Salatsaucen; er passt aber auch gut zu Salaten mit Meeresfrüchten oder zu gegrilltem Gemüse. Parmaveilchen *(Viola suavis)*, die man im Frühling in Gartencentern kaufen kann, ergeben ebenfalls eine ausgezeichnete Vinaigrette. Glücklicherweise blühen Veilchen über mehrere Wochen, so dass es kein Problem ist, mehrmals hintereinander Veilchenessig anzusetzen.

Schlüsselblumen und Stiefmütterchen

Schlüsselblumen säen sich bereitwillig selbst aus, vor allem auf Grasflächen und in Beeten mit kalkhaltigen Böden.

Schlüsselblumen gehörten früher zu den beliebtesten kulinarischen Frühlingsblumen. Man findet sie auch heute noch auf Wiesen mit alkalischem Boden, auch wenn sie, ebenso wie viele andere Wildpflanzen, leider immer seltener werden. Für den Garten kann man sie aussäen oder Jungpflanzen für Beete, Grasflächen oder Pflanzgefäße kaufen. Wildwachsende Schlüsselblumen sind im allgemeinen erheblich kleiner als die kultivierten, die man zumeist als Jungpflanzen in Gartencentern bekommt. Haben sich Schlüsselblumen erst einmal im Garten angesiedelt, vermehren sie sich stark und bilden schon nach kurzer Zeit ganze Kolonien. Ihre Verwendungsmöglichkeiten in der Küche sind vielfältig.

Im Garten

RUSTIKALER KORB MIT SCHLÜSSELBLUMEN, STIEFMÜTTERCHEN UND APFELMINZE

Die zarten Blütenköpfe gelber Schlüsselblumen kommen besonders schön zur Geltung, wenn man sie mit anmutigen blauen Stiefmütterchen und einer Apfelminze mit unregelmäßig grün und cremefarben gefleckten Blättern unterpflanzt. Die Blüten der Schlüsselblumen und der Stiefmütterchen sowie die Minzeblätter (und später die Minzeblüten) kann man sowohl in grünen Salaten als auch in Obstsalaten verwenden, in denen sie für Farbe und Abwechslung sorgen. Darüber hinaus eignen sich Schlüsselblumen- und Stiefmütterchenblüten, wie auch junge Minzeblättchen gut zum Überzuckern und lassen sich in dieser leckeren Form zum Garnieren von Obstspeisen, Cremes, Biskuitrollen, Trifles, Kuchen und Torten verwenden.

- PFLANZEN
  4 Schlüsselblumen *(Primula veris)*
  4 Stiefmütterchen *(Viola 'Penny')*
  1 große Apfelminze *(Mentha suaveolens 'Variegata')*
- DRAINAGE Topfscherben (Porzellan), Kies oder Styroporstücke.
- SCHUTZFOLIE Schwarze Kunststofffolie von einem Müllsack, so zugeschnitten, dass sich der gesamte Korb damit auskleiden lässt. Überstehende Folie kann nach dem Bepflanzen nach innen geschlagen werden.
- SUBSTRAT (PFLANZERDE) Für Pflanzgefäße frisches Substrat verwenden. Geeignet ist ein Substrat auf Lehmbasis oder eine andere handelsübliche Pflanzerde.
- PFLANZGEFÄSS Hier wurde ein mittelgroßer Weidenkorb von 45 cm Länge, 30 cm Breite und 15 cm Höhe verwendet. Er wurde innen und außen dreimal mit Bootslack gestrichen, damit er der Witterung besser standhält. Anstelle eines Weidenkorbes eignen sich auch viele andere Pflanzgefäße von mittlerer Größe, wie Blumenkästen oder Wandtöpfe.
- STANDORT Sonne oder Halbschatten. Am besten kommen die Pflanzen zur Geltung, wenn man den Korb etwas erhöht aufstellt, etwa auf einem Tisch oder auf einem Mäuerchen.
- PFLANZZEIT Zeitiges Frühjahr.
- HAUPTBLÜTEZEIT Frühlingsmitte bis spätes Frühjahr.

1 Den Korb mit der zugeschnittenen schwarzen Kunststofffolie auskleiden. Am Boden vier Schlitze in die Folie schneiden, damit überschüssiges Wasser ablaufen kann.

2 Auf dem Boden des Pflanzgefäßes 2–3 cm hoch Drainagematerial verteilen und etwa 5 cm hoch Substrat einfüllen.

3 Zwei Schlüsselblumen in die Ecken auf einer Seite des Korbes pflanzen, die dritte auf der gegenüberliegenden Seite unter den Henkel setzen. Dann drei Stiefmütterchen in die Zwischenräume am Rand pflanzen.

4 Die Apfelminze in die Mitte setzen und links und rechts daneben eine Schlüsselblume und ein Stiefmütterchen pflanzen. Substrat in die Zwischenräume füllen, so dass es bis gut 2 cm unter den Korbrand reicht. Gut wässern. Das Substrat um die Pflanzen andrücken und, falls erforderlich, weiteres Substrat einfüllen. Überstehende Plastikfolie nach innen schlagen.

GARTENTIPP

Den bepflanzten Korb etwas erhöht stellen, aber nicht aufhängen; der Henkel trägt das Gewicht des mit Pflanzmaterial gefüllten Korbes nicht.

PFLEGE

Das Substrat stets feucht halten. Um das Blütenwachstum anzuregen, alle verwelkten Blüten entfernen. Zur Verwendung in der Küche nur ganz frische Blüten abschneiden. Wenn die Blumen verblüht sind, die Schlüsselblumen und die Apfelminze an einer sonnigen Stelle in den Garten pflanzen oder in ein größeres Pflanzgefäß setzen. Den Korb säubern und neu lackieren, bevor er wieder bepflanzt wird. Die Minze entwickelt sich im Garten zu einer großen Pflanze und sieht hübsch in einem Kräuterbeet oder neben Rosen aus. Sie blüht dann im Spätsommer. Die Schlüsselblumen entwickeln sich gut in Beeten oder Grasbereichen, doch brauchen sie einen feuchten Boden.

In der Küche

Pflücken Sie nur ganz frische Blüten, möglichst an einem trockenen Morgen. Die Blütenstiele werden ins Wasser gestellt und sollten noch am selben Tag verwendet werden.

Wenn die Frühlingstage wärmer werden, beginnen die ersten Schlüsselblumen oder Himmelsschlüssel zu blühen. Ihre süß duftenden Blüten wurden früher in riesigen Mengen gepflückt und zusammen mit Hefe, Zucker und Orangen zur Herstellung von Schlüsselblumenwein oder mit Honig und Zitrone für Schlüsselblumenmet verwendet. Kleinere Mengen nahm man für Schlüsselblumencreme und Schlüsselblumenpudding. Die Blüten wurden sogar süßsauer mit Essig und Zucker eingelegt.

ÜBERZUCKERTE SCHLÜSSELBLUMEN UND STIEFMÜTTERCHEN

Überzuckert eignen sich die Blüten als Garnierung für Kuchen, Kekse und Desserts. Hübsch sehen sie auch auf Torten oder Schlagsahne aus. Nimmt man zum Bestreichen Gummiarabikum statt Eiweiß, halten sich die überzuckerten Blüten bis in den Sommer hinein.

METHODE 1

- 1 Eiweiß
- 2 EL Zucker (extrafein)
- Eine Hand voll Schlüsselblumenblüten, alle Stengel und grünen Teile entfernt
- Eine Hand voll Stiefmütterchenblüten, alle Stengel und grünen Teile entfernt
- Minzestengel

1 Die weißen Ansätze an den Blüten vor dem Überzuckern entfernen. Das Eiweiß leicht verschlagen und mit einem kleinen Pinsel die einzelnen Petalen auf der Ober- und der Unterseite mit Eiweiß bestreichen.

2 Die Blütenblätter auf beiden Seiten leicht mit Zucker bestreuen. Der Zucker bleibt an der feuchten Oberfläche haften.

3 Die überzuckerten Blüten vorsichtig auf Pergamentpapier, einen Teller oder ein Kuchengitter legen und an einen warmen Platz stellen, bis sie trocken sind. In einer luftdicht verschlossenen Dose oder in einem Glas mit Schraubdeckel halten sie sich bis zu 2 Tagen.

METHODE 2

- Zutaten wie oben, das Eiweiß jedoch durch Gummiarabikum ersetzen
- 25 ml (1 1/2) EL Wasser oder farbloser Alkohol

GUMMIARABIKUM VERWENDEN

1 5 ml (1 TL) Gummiarabikum in 25 ml (1 1/2 EL) Wasser oder farblosem Alkohol wie Wodka oder Gin auflösen. (Gummiarabikum ist in Apotheken und Drogerien erhältlich.)

2 Die einzelnen Petalen auf beiden Seiten damit bestreichen und mit extrafeinem Zucker bestreuen.

3 Auf ein Kuchengitter legen und an einem warmen Platz trocknen lassen. Blüten, die nach dieser Methode überzuckert werden, halten sich mehrere Monate.

In der Küche

SCHLÜSSELBLUMEN-SYLLABUB

Mit überzuckerten Schlüsselblumen und Stiefmütterchen lassen sich viele Süßspeisen verfeinern. Zusammen mit Apfelminzeblättchen geben sie hier einer englischen Weincreme die besondere Note.

FÜR 4 BIS 6 PERSONEN
200 ml halbtrockener Weißwein
4 EL Zucker (extrafein)
Abgeriebene Schale und Saft von 1 unbehandelten Orange
300 ml Crème double

Zum Garnieren
Überzuckerte Blüten von Schlüsselblumen und Stiefmütterchen, überzuckerte Stiefmütterchenpetalen und Apfelminzeblättchen

1 Wein, Zucker, Orangenschale und -saft in einer Schüssel verrühren und 2 Stunden oder länger stehen lassen.

2 Die Mischung in kleinen Mengen unter die Sahne schlagen, bis sich weiche Spitzen bilden.

3 Vier bis sechs Weingläser oder andere hübsche Gläser bereitstellen und jeweils etwas Syllabub hineinfüllen. Einige überzuckerte Stiefmütterchenpetalen und einige Schlüsselblumen so darauf legen, dass sie von außen sichtbar sind. Die restliche Weincreme in die Gläser geben; sie soll in der Mitte eine Spitze bilden.

4 Bis zum Servieren kalt stellen. Mit überzuckerten Schlüsselblumen und Stiefmütterchen sowie einigen Minzeblättchen garnieren.

KÜCHENTIPP
Damit sie trocknen können, sollten die Blüten einen Tag vor dem Zubereiten der Weincreme überzuckert werden.

Mit überzuckerten Stiefmütterchen verziert wird jede Torte zu einer Festtagstorte. Zum Überziehen der Torte eignet sich eine mit Orange oder Zitrone aromatisierte Glasur besonders gut – der säuerliche Zitrusgeschmack harmoniert wunderbar mit dem feinen Aroma der Blüten.

Gänseblümchen

Oregano mit gelben Blattspitzen schaut zwischen den Gänseblümchen hervor. Gefüllte Gänseblümchen gibt es in den Farben Rosa, Rot und Weiß. Man kann sich für eine einzige Farbe entscheiden oder die drei Farben kombinieren.

Gänseblümchen bringen im Frühling und Frühsommer unzählige Blüten hervor und sorgen zusammen mit anderen Frühlingsblumen, wie Stiefmütterchen und Kissenprimeln, für ein zauberhaftes Farbenspektrum im Garten. Sie sind äußerst vielseitig und können praktisch in jedem Pflanzgefäß, ob groß oder klein, gezogen werden. In einem Hängekorb würden sie, mit Schlüsselblumen und Rosmarin kombiniert, ganz reizend aussehen. Hier wurden Gänseblümchen in dreierlei Farben zusammen mit Waldmeister und Oregano mit gelben Blattspitzen in eine Terrakottaschale gepflanzt. Im späten Frühjahr bildet der Waldmeister einen Teppich aus kleinen weißen Blüten. Wenn man Waldmeister trocknet, duften seine Blätter nach frisch gemähtem Heu. Früher füllte man die Blätter vielfach in kleine Stoffsäckchen, die man als Duftkissen in den Wäscheschrank legte. In Deutschland werden Waldmeisterblüten und -blätter traditionell zur Zubereitung von Maibowle verwendet.

Im Garten

TERRAKOTTASCHALE MIT GÄNSEBLÜMCHEN, WALDMEISTER UND OREGANO

Gänseblümchen und Oregano gibt es im zeitigen Frühjahr überall zu kaufen. Waldmeister wird dagegen seltener angeboten. Kann man ihn nicht bekommen, lässt er sich durch Stiefmütterchen oder Petersilie ersetzen, mit denen Gänseblümchen ebenfalls sehr schön harmonieren. Eine andere Möglichkeit besteht darin, einfach nur Gänseblümchen zu nehmen.

- PFLANZEN
  - 1 rosa Gänseblümchen *(Bellis perennis* 'Tasso Rose'*)*
  - 1 rotes Gänseblümchen *(Bellis perennis* 'Tasso Red'*)*
  - 1 weißes Gänseblümchen *(Bellis perennis* 'Tasso White'*)*
  - 3 Waldmeisterpflanzen *(Galium odoratum)*
  - 1 Oreganopflanze mit gelben Blattspitzen *(Origanum vulgare* 'Gold Tip'*)*
- DRAINAGE Topfscherben (Porzellan), Kies oder Styroporstücke.
- SUBSTRAT (PFLANZERDE) Frisches Substrat verwenden. Geeignet ist ein Substrat auf Lehmbasis oder eine andere handelsübliche Pflanzerde.
- PFLANZGEFÄSS Hier wurde eine mittelgroße Terrakottaschale von 30 cm Durchmesser und 15 cm Höhe verwendet. Die Pflanzenkombination ist jedoch auch für viele andere Pflanzgefäße geeignet, wie beispielsweise größere Schalen oder Töpfe, Wandtöpfe und Hängekörbe.
- STANDORT Sonne oder Schatten.
- PFLANZZEIT Zeitiges Frühjahr.
- HAUPTBLÜTEZEIT Frühlingsmitte bis spätes Frühjahr (der Oregano blüht erst später im Sommer).

1 Das Pflanzgefäß zunächst 2–3 cm hoch mit Drainagematerial füllen.

2 Etwa 5 cm hoch Substrat einfüllen. Die drei Waldmeisterpflanzen mit gleichmäßigem Abstand an den Rand der Schale setzen.

3 Die Gänseblümchen in die Lücken zwischen den Waldmeister pflanzen.

4 Den Oregano in der Mitte einpflanzen. Alle Zwischenräume mit Substrat füllen, so dass es bis gut 2 cm unter den Rand reicht. Gut angießen. Das Substrat rund um die Pflanzen andrücken und, falls erforderlich, weiteres Substrat einfüllen.

PFLEGE

Das Substrat stets feucht halten. Daran denken, immer alle verwelkten Blüten zu entfernen, damit das Blütenwachstum angeregt wird. Zur Verwendung in der Küche nur ganz frische Blüten abschneiden. Die Gänseblümchen wegwerfen, wenn sie verblüht sind. Den Waldmeister an einen schattigen Platz im Garten pflanzen, wo er sich unter Büschen oder an einem Weg ausbreiten kann. Der Oregano kann in der Pflanzschale verbleiben oder an einer sonnigen Stelle in den Garten gepflanzt werden. Er blüht schön und lockt viele Schmetterlinge an.

Die Schale mit Gänseblümchen steht hier in einem Meer von duftender Süßdolde.

In der Küche

Gänseblümchen ergeben eine reizvolle Verzierung für Nachspeisen und Gebäck. Mit Oreganoblättchen und Gänseblümchenpetalen kann man aber auch eine würzige Pâté oder einen grünen Salat garnieren.

Früher verwendete man junge Gänseblümchenblätter gerne in Salaten, und in Italien und Spanien wurden sogar die Wurzeln gegessen. In den hier gezeigten Zubereitungen finden dagegen die roten, rosafarbenen und weißen Blüten Verwendung. Man kann ihre zierlichen Blütenblättchen über die verschiedensten Arten von Fruchtcreme, Eiscreme, Kuchen und Keksen sowie pikanten Speisen streuen oder hübsche Muster damit auslegen. Die Blüten liefern eine solche Fülle von Petalen, dass bereits eine Pflanze für ein wahres Gänseblümchenfest ausreicht.

In der Küche JOHANNISBEER-MOUSSE MIT GÄNSEBLÜMCHEN

Bei dieser Joghurtspeise mit schwarzen Johannisbeeren werden Gänseblümchenpetalen zur Garnierung einfach über das fertige Dessert gestreut. Gänseblümchen sind äußerst vielseitig und sehen beispielsweise auch hübsch zu Rhabarber oder Stachelbeeren aus.

FÜR 4 BIS 6 PERSONEN
800 g frische oder tiefgefrorene schwarze Johannisbeeren
150 g Zucker (extrafein)
450 ml Joghurt

Zum Garnieren
Rosafarbene und rote Gänseblümchen
Schwarze Johannisbeeren mit Stielchen

1 Die Johannisbeeren von den Stielen abzupfen und mit 100 ml Wasser und dem Zucker in einen Topf geben. Den Deckel fest auflegen und die Beeren etwa 10 Minuten köcheln lassen, bis sie weich und aufgeplatzt sind. In der Küchenmaschine zerkleinern, dann durch ein Sieb streichen und abkühlen lassen.

2 Den Joghurt gleichmäßig unter das Fruchtmus rühren. Die Joghurtspeise in Gläser oder Glasschälchen füllen und bis zum Servieren kalt stellen.

3 Jeweils einige ganze schwarze Johannisbeeren mit Stielchen darauf legen. Petalen von den Gänseblümchen zupfen und darüber streuen.

KÜCHENTIPP
Verwendet man statt Joghurt leicht geschlagene Sahne, wird die Creme noch aromatischer, aber auch kalorienreicher.

In der Küche

GÄNSEBLÜMCHEN-TÖRTCHEN

Was gäbe es Schöneres zum Nachmittagstee oder für ein Kinderfest als diese verlockenden kleinen Törtchen, die liebevoll mit Zuckerguss und Gänseblümchenpetalen verziert sind?

ERGIBT 15 BIS 20 STÜCK
115 g weiche Butter oder Margarine
115 g Zucker (extrafein)
2 Eier (Größe M)
115 g Mehl
1 TL Backpulver
10 ml (2 TL) Zitronensaft

Zum Verzieren
115 g Puderzucker
1 EL Wasser
Einige Tropfen gelbe Lebensmittelfarbe (nach Belieben)
2–3 Gänseblümchen

1 Den Backofen auf 180 °C vorheizen. Papierbackförmchen in die Vertiefungen einer Muffinform oder einer anderen geeigneten Backform setzen. Die Butter oder Margarine mit dem Zucker und den Eiern in eine Schüssel geben. Das Mehl mit dem Backpulver in die Schüssel sieben. Den Zitronensaft hinzufügen und die Zutaten verschlagen, bis der Teig hell und cremig ist.

2 Den Teig in die Papierförmchen füllen und etwa 15 Minuten backen, bis er schön aufgegangen und goldbraun ist. Auf einem Kuchengitter abkühlen lassen.

3 Den Puderzucker mit etwas Wasser zu einer dickflüssigen Glasur verrühren. Nach Belieben etwas gelbe Lebensmittelfarbe hinzufügen, um so das Gelb der Gänseblümchenmitte zu imitieren.

4 Mit einem Löffel auf jedes Törtchen etwas Glasur geben. Die Blütenblätter von den Gänseblümchen abzupfen und die Törtchen damit verzieren.

Rosmarin

Rosmarinblüten, gleich welcher Farbe, kann man auf vielerlei Weise kulinarisch nutzen. In alter Zeit wurden sie für verschiedene Tonika und Getränke verwendet.

Rosmarin ist ein immergrüner Strauch voller Wohlgeruch und Aroma. Er passt zu vielen anderen schönen Pflanzen, nicht nur im Frühling, wenn er selbst in voller Blüte steht, sondern auch im Sommer, wenn seine markante Wuchsform und seine Blätter einen schönen Kontrast zu blühenden Pflanzen wie Salbei und Rosen bilden. In kühleren Regionen wächst er am besten vor einer Schutz bietenden Wand oder Mauer. Er gedeiht auch gut in Pflanzgefäßen.

Rosmarin hat im allgemeinen blassblaue Blüten, doch gibt es eine Sorte mit Blüten in einem dunkleren Blau, deren Name 'Benenden Blue' ist, sowie eine Sorte mit rosafarbenen Blüten, die 'Majorca Pink' heißt.

Im Garten

HÄNGEAMPEL MIT ROSMARIN

Ein solcher frühlingshafter Hängekorb lässt sich je nach persönlicher Vorliebe mit vielen verschiedenen Zusammenstellungen essbarer Blumen und Kräuter bepflanzen. Stiefmütterchen gibt es in Blau, Violett, Gelb, Cremefarben und Weiß sowie zweifarbig, gefüllte Gänseblümchen in Weiß, Rosa und Rot. Zusammen mit dem goldgelben Laub von Kräutern, wie Oregano, Zitronenmelisse und Mutterkraut, wirken sie wie eine wunderschöne Tapisserie. Das Anordnen der verschiedenen Pflanzen ist nicht schwierig – die Minzepflanzen und die Zitronenmelisse setzt man in die Nähe des Korbbodens und den Rosmarin nach oben. Die Seiten kann man dann nach Gutdünken gestalten.

- PFLANZEN
  - 1 Zitronenmelisse *(Melissa officinalis* 'Aurea'*)*
  - 1 Apfelminze *(Mentha suaveolens* 'Variegata'*)*
  - 1 Minze *(Mentha* x *piperata* 'Citrata'*)*
  - 2 Stiefmütterchen *(Viola* 'Penny'*)*
  - 3 Mutterkrautpflanzen *(Tanacetum parthenium* 'Aureum'*)*
  - 1 Oreganopflanze *(Origanum vulgare* 'Aureum'*)*
  - 2 rote Gänseblümchen *(Bellis perennis* 'Tasso Red'*)*
  - 5 Petersilienpflanzen *(Petroselinum crispum)*
  - 1 Rosmarinpflanze *(Rosmarinus officinalis)*
  - 2 Schlüsselblumen *(Primula veris)*
  - 1 rosa Gänseblümchen *(Bellis perennis* 'Tasso Rose'*)*
- MOOS
- SCHUTZFOLIE Kunststofffolie von einem Müllsack, auf die Größe des Korbbodens, etwa die eines großen, runden Salattellers, zugeschnitten.
- SUBSTRAT (PFLANZERDE) Frisches Substrat verwenden. Geeignet ist ein Substrat auf Lehmbasis oder eine andere handelsübliche Pflanzerde.
- PFLANZGEFÄSS Ein Hängekorb aus Draht von 35 cm Durchmesser.
- STANDORT Sonne oder Halbschatten.
- PFLANZZEIT Zeitiges Frühjahr.
- HAUPTBLÜTEZEIT Frühlingsmitte bis spätes Frühjahr.

Rosmarin hat bezaubernde blassblaue Blüten, die an Trieben überall entlang den Zweigen sitzen, so dass ein Rosmarinstrauch in voller Blüte einem blauen Schleier gleicht.

GARTENTIPP

Gänseblümchen, Stiefmütterchen und Petersilie erhält man oft preiswert als Jungpflanzen in Torf- oder Plastiktopfstreifen, was erheblich billiger ist als größere Pflanzen in Einzeltöpfen zu kaufen. Ein weiterer Vorteil besteht darin, dass ihre Wurzelballen noch klein sind und sich daher leichter seitlich zwischen den Korbdrähten durchschieben lassen. Auch Kräuter, die bereits im Garten wachsen, kann man nehmen: Mutterkraut hat sich vermutlich selbst ausgesät, und Minze und Oregano lassen sich zu dieser Jahreszeit leicht teilen.

1 Den Boden des Drahtkorbes mit einer dicken Moosschicht auslegen. Mit dem zugeschnittenen Stück Plastikfolie abdecken und eine dünne Schicht Substrat darauf verteilen. Die untere Kräuterreihe so mit der Zitronenmelisse in der Mitte und den beiden Minzepflanzen links und rechts daneben pflanzen, dass zwischen der Melisse und der Minze ein Abstand von 8–10 cm vorhanden ist. Diese Anordnung der Pflanzen ist darauf abgestimmt, dass der Korb vor einer Mauer hängt und hinten weniger Pflanzen erfordert. Die Wurzeln müssen guten Kontakt zum Substrat haben.

2 Einen »Kragen« aus Moos um jede Pflanze legen, und die Korbseiten bis etwa zu einem Drittel der Höhe mit Moos auskleiden. Etwa 5 cm hoch Substrat einfüllen. Die beiden Stiefmütterchen in die Lücken zwischen der Zitronenmelisse und den Minzepflanzen setzen. Zwei Mutterkrautpflanzen in gleicher Höhe, aber weiter seitlich pflanzen. Jede Pflanze wieder mit Moos umlegen und den Korb weiter auskleiden, so dass das Moos etwa zu zwei Dritteln an den Seiten nach oben reicht.

3 Als obere Reihe im vorderen Bereich den Oregano, das verbliebene Mutterkraut und ein rotes Gänseblümchen pflanzen sowie zwei Petersilienpflanzen zu beiden Seiten setzen. Den Korb mit weiterem Moos auskleiden, so dass es 2–3 cm über den Rand reicht; wenn der Korb nach dem Bepflanzen gewässert wird, fällt das Moos noch etwas zusammen.

4 Den Rosmarin hinten in die Mitte pflanzen, die Schlüsselblumen links und rechts daneben und das verbliebene rote und das rosa Gänseblümchen davor setzen. Die drei restlichen Petersilienpflanzen in gleichmäßigem Abstand an den Korbrand pflanzen. Alle Zwischenräume mit Substrat auffüllen. Gut wässern und die Pflanzen andrücken. Falls erforderlich, weiteres Substrat und Moos hinzufügen.

PFLEGE

Es ist wichtig, dass das Substrat immer feucht ist und nicht austrocknet. Nicht vergessen, die verwelkten Blüten zu entfernen, damit das Blütenwachstum angeregt wird. Zum Gebrauch in der Küche stets nur ganz frische Blüten von den Gänseblümchen, den Schlüsselblumen und Stiefmütterchen abschneiden. Mutterkraut ist zwar ein bekanntes Mittel gegen Migräne, schmeckt aber sehr bitter. Der Rosmarin blüht möglicherweise erst im zweiten Jahr. Den Sommer über alle vier Wochen mit Flüssigdünger düngen. Die Pflanzen im Herbst aus dem Korb nehmen. Den Rosmarin in einen Topf oder in den Garten pflanzen. Die anderen Kräuter und essbaren Blumen behutsam voneinander trennen. Die Gänseblümchen und Stiefmütterchen wegwerfen, die übrigen Pflanzen in den Garten oder in einzelne Töpfe setzen.

Der Hängekorb besticht durch üppigen Wuchs und Farbenpracht.

In der Küche

Rosmarinblüten können frisch für würzige Speisen oder für pikantes Backwerk verwendet werden.

Rosmarinblüten schmecken fast wie die Blättchen, sind durch den Blütennektar jedoch süßer und eignen sich daher sowohl für pikante wie auch für süße Speisen. Im 16. Jahrhundert war die Herstellung von Rosmarinwasser aus den Blättern und Blüten weit verbreitet. Eine weitere Köstlichkeit dieser Zeit waren kandierte Rosmarinblüten. Darüber hinaus gibt es Rezepte für »Rosmarinschnee«, zubereitet mit Eiweiß und Sahne, Rosmarintee, für den man ausschließlich die Blätter nimmt, sowie Rosmarinwein, für den Weißwein mit Rosmarin aromatisiert wird.

In der Küche ROSMARINKEKSE

Hier werden die Blüten zum Aromatisieren und Verzieren von pikanten Rosmarinkeksen verwendet, die für sich allein ebenso köstlich schmecken wie zu mildem Käse.

ERGIBT ETWA 25 STÜCK
225 g Mehl
1/2 TL Backpulver
Eine große Prise Salz
1/2 TL Curry
75 g Butter, gut gekühlt und in kleine Stücke geschnitten
30 ml (2 EL) fein gehackte junge Rosmarinblättchen
1 Eigelb
Milch (zum Bestreichen)

Zum Verzieren
2 EL Frischkäse
Rosmarinblüten

1 Mehl, Backpulver, Salz und Curry in die Küchenmaschine geben. Die Butterstückchen hinzufügen und die Zutaten zu feinen Streuseln verarbeiten. Rosmarin, Eigelb und 30–45 ml (2–3 EL) kaltes Wasser dazugeben und alles zu einem festen Teig verkneten. (Alternativ die Butter mit den Händen unter die Mehlmischung reiben, dann die übrigen Zutaten hinzufügen und untermengen.) Den Teig für 30 Minuten in den Kühlschrank legen.

2 Den Backofen auf 180 °C vorheizen. Den Teig auf der leicht bemehlten Arbeitsfläche dünn ausrollen und die Kekse mit einem einfachen oder gewellten runden Ausstechförmchen von etwa 5 cm Durchmesser ausstechen.

3 Die Kekse auf ein großes Backblech setzen und mit einer Gabel einstechen. Mit Milch bestreichen und etwa 10 Minuten backen, bis sie ganz leicht gebräunt sind. Zum Abkühlen auf ein Kuchengitter legen.

4 Auf jeden Keks etwas Frischkäse geben und behutsam ein paar Rosmarinblüten darauf drücken; dabei nach Belieben eine Pinzette zu Hilfe nehmen.

Süßdolde

Die Süßdolde stammt ursprünglich aus Südeuropa, ist heute aber in ganz Europa und Westasien verbreitet. Da ihr Duft an Myrrhe erinnert, ist sie auch als Myrrhenkerbel bekannt. Sie liebt feuchte, schattige Standorte, wo sie sich rasch ausbreitet. Das attraktive Staudengewächs hat eine lange Pfahlwurzel und eine Fülle von großen, farnartigen Blättern, die im zeitigen Frühjahr erscheinen. Im späten Frühjahr tragen die langen Stengel flache Dolden mit winzigen weißen Blüten. Im Herbst sterben die oberirdischen Teile der Pflanze ab, die dann beseitigt werden sollten. Die Süßdolde ist eine Pflanze mit erstaunlich vielen kulinarischen Verwendungsmöglichkeiten.

Die Süßdolde blüht über mehrere Wochen hinweg – vom späten Frühjahr bis zum Frühsommer.

Im Garten

Vom späten Frühjahr bis zum Frühsommer bringt die Süßdolde eine Fülle von süßen, nach Anis schmeckenden Blüten und Blättern hervor. Im Lauf der zweiten Sommerhälfte reifen die Samen heran und färben sich schwarz. Die zerstoßenen Samen können ebenfalls in der Küche verwendet werden und verleihen Speisen den für die Pflanze typischen Anisgeschmack. Im Garten muss man jedoch rigoros alle unerwünschten reifen Samen entfernen oder zu Sommerbeginn alle unerwünschten Sämlinge aus der Erde ziehen, da sich die Pflanzen stark vermehren und später aufgrund ihrer sehr langen Pfahlwurzeln nur schwer zu entfernen sind.

Die Samen der Süßdolde färben sich beim Reifen schwarz. Wenn man die Samen nicht den Winter über stehen lassen will, sollte man die Samenstände abschneiden, bevor sie dieses Stadium erreichen, da sonst im nächsten Frühjahr eine große Menge Sämlinge aus dem Boden sprießt.

Süßdolden werden manchmal mit Wiesenkerbel verwechselt, der ganz ähnliche Blätter und Blüten hat. Es gibt jedoch zwei markante Unterschiede. Zum einen weisen alle Teile der Süßdolde ein süßes Anisaroma auf, wenn man sie zerdrückt. Und zum anderen haben Süßdoldenblätter häufig weiße Flecken (oben).

GARTENTIPP

Halbreife Samen schmecken köstlich nach Anis und sind genau das Richtige zum Knabbern, wenn man im Garten herumwerkelt. Ausgereifte Samen haben dagegen eine harte Außenschicht und sind unangenehm zäh, wenn man sie kaut. Süßdoldensamen kann man unter Salate mischen oder über geröstete Paprikaschoten streuen.

In der Küche

Süßdoldenblüten haben einen Anisgeschmack und sind in der Küche vielseitig verwendbar.

Wegen ihres hohen Zuckergehalts wurden Süßdolden als Zuckerersatz beim Kochen von saurem Obst wie Stachelbeeren oder von Rhabarber verwendet. Wenn man Süßdolde zum Kochen nimmt, reicht etwa die Hälfte der üblichen Zuckermenge. Verwenden Sie Blüten, Blätter und zerstoßene Samen für Getränke, Obstsalate, Suppen und Fischsaucen. Sogar die Pfahlwurzel kann gekocht und gegessen werden.

In der Küche

GERÖSTETE PAPRIKA MIT SÜSSDOLDE

Dieses Gericht zeichnet sich durch sein volles Aroma und seine leuchtende Farbe aus. Die roten Paprikaschoten werden mit Tomaten gefüllt, mit halbreifen Süßdoldensamen, Fenchelsamen und Kapern bestreut und mit Süßdoldenblüten garniert. Die süßen Anisaromen harmonieren gut mit den Kapern und dem kräftigen Geschmack der Tomaten und Paprikaschoten. Süßdoldenblätter sind eine ausgezeichnete Garnierung und schmecken genauso wie die Blüten. Man kann dieses Gericht als Vorspeise oder leichtes Mittagessen servieren.

FÜR 4 PERSONEN

- 4 rote Paprikaschoten, halbiert und die Samen entfernt
- 8 kleine oder 4 mittelgroße Tomaten
- 15 ml (1 EL) halbreife Süßdoldensamen
- 15 ml (1 EL) Fenchelsamen
- 15 ml (1 EL) Kapern
- 8 Süßdoldenblüten, gerade geöffnet, Stengel entfernt
- 60 ml (4 EL) Olivenöl

Garnierung

- Einige kleine Süßdoldenblätter
- 8 weitere Blütendolden, die sich gerade erst geöffnet haben, die Stengel entfernt

1 Die halbierten Paprikaschoten in eine große ofenfeste Form legen. Die Tomaten zum Abziehen kreuzweise am unteren Ende einschneiden, kochendes Wasser darübergießen und 5 Minuten stehen lassen. Mittelgroße Tomaten nach dem Abziehen der Haut halbieren. In jede Paprikahälfte eine ganze kleine oder eine halbe mittelgroße Tomate legen.

2 Halbreife Süßdoldensamen, Fenchelsamen und Kapern sowie etwa die Hälfte der Süßdoldenblüten darüberstreuen. Die gefüllten Paprika mit dem Olivenöl beträufeln. Etwa 30 Minuten bei 180 °C im Backofen garen. Aus dem Ofen nehmen und die restlichen Blüten darauf verteilen. Zum Servieren mit frischen Süßdoldenblättern und -blüten garnieren und knuspriges Weißbrot zum Auftunken der Garflüssigkeit dazu reichen.

Schnittlauch und Petersilie

Beim Schnittlauch bestehen die einzelnen Blütenköpfe jeweils aus 30 bis 40 kleinen länglichen Blüten. Sie haben ein mildes, zwiebelartiges Aroma und viel »Biss«.

Schnittlauch wächst aus kleinen Zwiebeln, die sich rasch zu großen Gruppen vermehren (unten). In den Wintermonaten sterben alle oberirdischen Pflanzenteile ab.

Schnittlauch, der zu unseren bekanntesten Küchenkräutern zählt, bringt vom Frühling bis zum Ende des Sommers lange, grasähnliche Halme hervor, die einen milden Zwiebelgeschmack haben. Man kann ihn in den Garten pflanzen, wo er zu großen Büscheln heranwächst und im Frühsommer Blüten bekommt, oder man sät ihn im zeitigen Frühjahr aus, wobei er dann erst zur Sommermitte blüht. Die lilafarbenen Blüten sind sehr aromatisch und knackig und stellen daher für viele Speisen und Gerichte eine Bereicherung dar. Der hier gezeigte Topf enthält ein Büschel Schnittlauch, das aus dem Garten umgepflanzt wurde und von jungen Petersilienpflänzchen umgeben ist. Beide Kräuter passen sowohl optisch als auch geschmacklich ausgezeichnet zusammen.

Schnittlauch lässt sich leicht aus Samen ziehen und wächst viele Jahre lang, doch ist es am besten, ihn etwa alle drei Jahre zu teilen. Er gedeiht auch gut in Töpfen, wenn er ausreichend gegossen wird.

Im Garten

SCHNITTLAUCH-PETERSILIEN-TOPF

Schnittlauch und Petersilie werden in so vielen Rezepten zusammen verwendet, dass es geradezu logisch erscheint, sie auch zusammen in einen Topf zu pflanzen. Schnittlauch hat alles andere als ein »ordentliches« Aussehen, doch in diesem Arrangement, wo er von frischer grüner Petersilie eingerahmt wird, die seine wild sprießenden Halme im Zaum hält, kann er nach Herzenslust wachsen.

- PFLANZEN
  1 großes Büschel Schnittlauch *(Allium schoenoprasum)*
  3 Töpfe mit Petersiliensämlingen oder Einzelpflanzen *(Petroselium crispum)* (Werden junge Schnittlauchpflanzen verwendet, zwei Töpfe Schnittlauch und zwei Töpfe Petersilie nehmen; die Pflanzen sollen sich im Topf gegenüber stehen.)
- DRAINAGE Topfscherben (Porzellan), Kies oder kleine Styroporstücke.
- SUBSTRAT (PFLANZERDE) Für Pflanzgefäße frisches Substrat verwenden. Geeignet ist ein Substrat auf Lehmbasis oder eine andere handelsübliche Pflanzerde.
- PFLANZGEFÄSS Hier wurde ein mittelgroßer Keramiktopf von 30 cm Durchmesser und knapp 20 cm Höhe verwendet. Das Arrangement eignet sich aber auch für Blumenkästen und Wandtöpfe.
- STANDORT Sonne oder Halbschatten.
- PFLANZZEIT Spätes Frühjahr.
- HAUPTBLÜTEZEIT Frühsommer bis Sommermitte.

1 Auf dem Boden des Pflanzgefäßes 2–3 cm hoch Drainagematerial verteilen und etwa 8 cm hoch Substrat einfüllen.

2 Den Schnittlauch in die Mitte des Topfes setzen. Die Petersilienpflänzchen behutsam aus ihren Töpfen nehmen und rund um den Schnittlauch pflanzen.

3 Alle Zwischenräume mit Substrat füllen, so dass es bis gut 2 cm unter den Topfrand reicht. Gut wässern. Das Substrat rund um die Pflanzen andrücken und, falls nötig, weiteres Substrat einfüllen.

PFLEGE

Das Substrat immer ausreichend feucht halten, insbesondere während der Wachstumsphase. Die Halme können mindestens einmal zurückgeschnitten werden, bevor man den Schnittlauch blühen lässt. Alle verwelkten Blüten entfernen, um das Blütenwachstum zu fördern. Zur Verwendung in der Küche nur ganz frische Blüten abschneiden. Auch nach der Hauptblütezeit bringt der Schnittlauch über viele Wochen Blüten hervor. Die Petersilie regelmäßig schneiden, da so ihr Wachstum angeregt wird. Wenn man sie lässt, sät sie sich selbst aus.

In der Küche

Mit Schnittlauch- und Salbeiblüten aromatisierte Butter passt ausgezeichnet zu Ofenkartoffeln.

Dieser Topf sollte unbedingt in der Nähe der Küche stehen, denn Petersilie und Schnittlauch können in vielen Gerichten zusammen verwendet werden. Die Blätter beider Pflanzen sowie die Schnittlauchblüten sorgen für ein herrliches Aroma in Salaten, weißen Saucen zu Fisch und gebackenem Schinken, einfachen Pastagerichten und Füllungen für Brötchen, Bagels und Baguettes. Schnittlauchblütenbutter passt hervorragend zu Kartoffeln oder Möhren, und auch eine Buttermischung mit Salbei- und Schnittlauchblüten schmeckt sehr gut. Eine weitere delikate und überdies farbenfrohe Zusammenstellung sind Schnittlauchblüten und Petalen von Ringelblumen auf Ofenkartoffeln.

Die zarten, sternförmigen weißen Blüten von *Allium tuberosum*, besser bekannt als Schnittknoblauch, lassen sich in gleicher Weise in der Küche verwenden, doch schmecken sie mehr nach Knoblauch als nach Zwiebel.

In der Küche

RÜHREI MIT SCHNITTLAUCHBLÜTEN

FÜR 2 PERSONEN

- 30 ml (2 EL) Schnittlauchblüten (ganz frische Blüten aussuchen)
- 30 ml (2 EL) in feine Röllchen geschnittener Schnittlauch (ganz junge Halme)
- 15 ml (1 EL) sehr fein gehackte Petersilie (ganz frische Blätter)
- 4 Eier
- Salz und frisch gemahlener schwarzer Pfeffer
- 60 ml (4 EL) Milch oder Sahne
- 50 g Butter

Zum Servieren

- 4 Scheiben getoastetes Weißbrot, mit Butter bestrichen

KÜCHENTIPP

Rührei mit Schnittlauchröllchen und -blüten ist eine delikate Füllung für Sandwiches.

Rührei auf Toast ist eines der einfachsten und zudem schnellsten Gerichte, denn es lässt sich in wenigen Minuten zubereiten. Noch schmackhafter und natürlich auch phantasievoller wird das Rührei, wenn man fein gehackte Petersilie, Schnittlauchröllchen und eine Hand voll violette Schnittlauchblüten hinzufügt.

1 Die Blütenköpfe von den Halmen abschneiden und dann die einzelnen Blüten mit der Schere von ihren kleinen Stielen abtrennen. Im allgemeinen setzt sich jeder Blütenkopf aus 30–40 Einzelblüten zusammen.

2 Die Schnittlauchröllchen und die gehackte Petersilie mit den Blüten vermischen.

3 Die Eier mit Salz und Pfeffer sowie der Milch verschlagen.

4 Die Butter in einem schweren Topf zerlassen. Die verschlagenen Eier hinzufügen. Bei schwacher Hitze 1–2 Minuten unter ständigem Rühren garen, bis das Rührei gerade zu stocken beginnt. Dann die Kräuter und die Blüten hinzufügen.

5 Das Rührei zum Servieren auf getoastetem, mit Butter bestrichenem Weißbrot anrichten und mit einigen frischen Schnittlauchblüten bestreuen.

Ringelblumen

Bei der Leuchtkraft dieser Blüten verwundert es kaum, dass einer der alten Namen für Ringelblumen »Goldblumen« lautete.

Ringelblumen, bei denen es sich um winterharte einjährige Pflanzen handelt, sind in Südeuropa und Nordafrika heimisch und werden etwa 30 cm bis 50 cm hoch. Sie bringen viele prachtvoll gefärbte Blüten hervor, die aus zahlreichen schmalen Petalen bestehen. Ringelblumen sind leicht zu ziehen und mit ihrem kräftigen Orange ein Blickfang im Garten – sowohl in Pflanzbeeten, wo sie sich Jahr für Jahr selbst aussäen, wie auch in Kübeln oder Töpfen. Ringelblumen, die sich selbst ausgesät haben, blühen recht früh im Jahr, während Pflanzen, die man im Frühjahr aus Samen zieht, erst Mitte des Sommers zur Blüte kommen. Schneidet man die verwelkten Blüten jedoch regelmäßig ab, bilden sich bei milder Witterung noch den ganzen Herbst hindurch neue Blüten. Diesem Umstand verdankt die Ringelblume auch ihren lateinischen Namen *Calendula* (»kleiner Kalender«), denn man sagte ihr nach, es würden sich immer am ersten Tag eines Monats neue Blüten öffnen.

Heute gibt es viele Ringelblumensorten, darunter 'Fiesta Gitana' mit hellorangefarbenen und gelben Blüten, zweifarbige Sorten sowie 'Orange Queen' und 'Lemon Queen' mit gefüllten orangefarbenen beziehungsweise gelben Blüten.

Im Garten GEFÄSS MIT RINGELBLUMEN UND PETERSILIE

Dieses einfache, aber überaus ansprechende Arrangement besteht lediglich aus leuchtend orangefarbenen und gelben Ringelblumen mit dazwischengepflanzter Petersilie. In dem schönen salbeigrünen Gefäß kommen die Pflanzen besonders gut zur Geltung.

- PFLANZEN
  4 Gartenringelblumen *(Calendula officinalis)*
  1 Petersilienpflanze *(Petroselinum crispum)*

HINWEIS

Die Blüten der Studentenblume *(Tagetes)* könnten mit denen der Ringelblume verwechselt werden; sie sind aber nicht zum Verzehr geeignet.

- DRAINAGE Topfscherben (Porzellan), Kies oder kleine Styroporstücke.
- SUBSTRAT (PFLANZERDE) Für Pflanzgefäße frisches Substrat verwenden. Geeignet ist ein Substrat auf Lehmbasis oder eine andere handelsübliche Pflanzerde. Dem Substrat vor der Verwendung ein Wasser speicherndes Tongranulat zusetzen.
- PFLANZGEFÄSS Hier wurde ein Pflanzkübel von knapp 40 cm Durchmesser und 25 cm Höhe verwendet. Geeignet ist auch ein halbes Holzfass.
- STANDORT Sonne oder Halbschatten.
- PFLANZZEIT Zeitiges Frühjahr bis Frühlingsmitte.
- HAUPTBLÜTEZEIT Sommermitte bis Herbst.

1 Auf dem Boden des Pflanzgefäßes 5 cm hoch Drainagematerial verteilen und dann etwa 8 cm hoch Substrat einfüllen. Die vier Ringelblumen in gleichmäßigem Abstand an den Rand des Kübels pflanzen.

2 Die Petersilie in die Mitte setzen. Alle Zwischenräume mit Substrat füllen, so dass es bis gut 2 cm unter den Rand reicht. Gut wässern. Das Substrat rund um die Pflanzen andrücken und, falls erforderlich, weiteres Substrat einfüllen.

PFLEGE

Das Substrat stets ausreichend feucht halten. Zur Verwendung in der Küche immer nur ganz frische Blüten abschneiden. Alle welken Blüten entfernen, um das Blütenwachstum anzuregen. Dies ist sehr wichtig, um die Blütezeit zu verlängern. Die Petersilie schneiden, so wie sie in der Küche gebraucht wird. Die Pflanzen am Ende des Herbstes wegwerfen, doch kann man eine Anzahl Ringelblumensamen zur Aussaat im darauffolgenden Frühjahr aufbewahren.

In der Küche

Die Blütenblätter von Ringelblumen sind eine einfache, aber sehr farbenfrohe Zutat für Salate und andere Gerichte.

Ringelblumen waren eine beliebte Zutat in der Küche der Perser und Griechen und später dann im gesamten Mittelmeerraum, wo man sie häufig in großen Mengen trocknete und im Winter zur Zubereitung von Eintöpfen und Suppen nahm. In England wurden sie dagegen zumeist in Salzlake eingelegt statt getrocknet. Auch in Salaten, in Eingemachtem und Sirup fanden sie häufig Verwendung. Es gab Rezepte für Ringelblumenpudding, zubereitet mit viel Sahne, Semmelbröseln und Rindertalg. Eine weitere Spezialität war der Ringelblumenwein, dem die Blüten Farbe und Aroma gaben.

Um sie zum Kochen zu verwenden, werden die Petalen von den Blütenköpfen abgezupft. Die einzelnen Petalen der durchgehend orange erscheinenden Blüten sind nur an den Spitzen orange. Die gelben Ringelblumen lassen sich in gleicher Weise verwenden.

Auch heute lassen sich Ringelblumenpetalen auf vielfältige Weise in der Küche gebrauchen. Sie haben ein leicht säuerliches Aroma und wirken durch ihre satte Farbe. Außer für Salate und zu Pastagerichten kann man sie für einen Schmortopf mit Lammfleisch oder für eine weiße Sauce zu Fisch verwenden oder aber mit gehackter Petersilie auf Ofenkartoffeln streuen. Oder man bereitet Ringelblumenbutter zu, nimmt die Petalen für Omeletts, zu hartgekochten Eiern oder für Reisgerichte. Ringelblumen sind so vielseitig, dass man verstehen kann, weshalb sie früher so beliebt waren.

In der Küche

RINGELBLUMENSALAT MIT CURRY-EIERN

FÜR 4 PERSONEN
- 4 Eier (Größe M)
- 5 ml (1 TL) mildes Currypulver
- 75 ml (5 EL) Mayonnaise
- 60 ml (4 EL) Sahne oder Kaffeesahne
- 15 ml (1 EL) gehackte Petersilie
- 300 g gemischter Blattsalat (grüner und dunkelroter Salat)
- 1 Ringelblumenblüte, nur die Petalen

Dieses cremige Dressing hat ein mildes Curry-Äroma und sieht sehr ansprechend aus, wenn man es über wachsweich gekochte Eier gießt und mit Ringelblumenpetalen bestreut.

1 Die Eier in einen Topf mit siedendem Wasser geben und 6 Minuten köcheln lassen. Zum Abschrecken in kaltes Wasser legen und abkühlen lassen. Die Eier schälen und in Viertel schneiden.

2 In einer kleinen Schüssel Curry, Mayonnaise und Sahne verrühren.

3 Die gehackte Petersilie und den Blattsalat in kleinen Salatschüsseln anrichten und die Eier hinzufügen. Mit dem Curry-Dressing übergießen und großzügig mit Ringelblumenpetalen bestreuen. Als Salat zu gebackenem Schinken servieren und dicke Scheiben Weizenvollkornbrot dazu reichen.

Ochsenzunge

Die Ochsenzunge ist eine hohe winterharte Staudenpflanze, die wie der Borretsch zur Familie der Raublattgewächse *(Boraginaceae)* gehört. Im Verlauf von wenigen Wochen wächst sie zu einer stattlichen Höhe von bis zu 1,5 m heran und trägt Rispen mit leuchtend blauen Blüten. Es gibt verschiedene wunderschöne Hybridformen der Ochsenzunge. *Anchusa azurea* 'Loddon Royalist' hat enzianblaue Blüten, das Blau von 'Opal' ist dagegen heller. 'Little John' wird nur 45 cm hoch, hat aber ebenfalls tiefblaue Blüten.

Ochsenzungen haben eine lange Blütezeit, die sich im Frühsommer mit der der Nachtviole überschneidet und noch immer dauert, wenn die Indianernessel blüht.

Die Ochsenzunge Anchusa azurea *'Loddon Royalist'.*

Im Garten

Ochsenzungen sind wunderschöne Schmuckstauden, die im hinteren Bereich eines Beetes hübsch zwischen anderen Stauden aussehen. Man kann sie auch in ein großes Gefäß pflanzen, vielleicht zusammen mit Rosen. In jedem Fall müssen die Pflanzen jedoch abgestützt werden. Ochsenzunge gedeiht gut an einem sonnigen oder halbschattigen Standort, muss aber während der Wachstumsphase regelmäßig gegossen werden, insbesondere wenn sie in einem Pflanzkübel wächst. Um das Blütenwachstum anzuregen, schneidet man nach der Blüte die obere Hälfte der Stengel ab. Schon nach kurzer Zeit sprießen neue Blütenrispen hervor. Im Herbst sollten die Pflanzen stark zurückgeschnitten werden. Man erreicht dadurch, dass sie besser überwintern und im nächsten Jahr erneut reich blühen. Den Winter über hält man sie eher trocken.

Ochsenzungen werden auch in einem Gefäß recht hoch und müssen abgestützt werden. Nach dem ersten Blütenschub schneidet man die Blütenstände auf etwa 30 cm Länge zurück, damit sich neue Blüten bilden. Links wurden eine Ochsenzunge und eine Rosa *'Lancashire' zusammengepflanzt.*

Die Rispen der Ochsenzunge mit ihren intensiv blauen Blüten sind schöne Schnittblumen für die Vase (oben). Sie halten sich lange in Wasser und liefern zudem viele Blüten zur Verwendung in der Küche. Durch das Abschneiden langer Rispen wird das Wachstum der Pflanzen angeregt.

In der Küche

Die intensiv blauen Blüten der Ochsenzunge sind eine ganz besonders dekorative Garnitur.

Ochsenzungenblüten zeigen eine so prachtvolle blaue Farbe, dass sie eine geschätzte und vielseitige Zutat für viele Speisen sind. In einem Salat sehen sie schön zusammen mit orangefarbenen und gelben Blüten aus. Sie lassen sich auch ausgezeichnet überzuckern und zum Garnieren von Torten, Biskuitrollen und Cremespeisen verwenden. Herrlich wirken sie zusammen mit anderen überzuckerten Blüten, etwa denen von Nelken, und mit blassrosa Rosenpetalen. Man kann sie über Kompott streuen oder für Sommergetränke in Eiswürfel einfrieren. Im Gegensatz zu Borretschblüten verlieren sie bei der Verwendung in Gurkenessig nicht ihre Farbe.

In der Küche

BRUNNENKRESSESALAT MIT ORANGEN UND OCHSENZUNGENBLÜTEN

Die Blüten der Ochsenzunge leuchten hier in einem Salat aus Brunnenkresse und Orangenscheiben. Gegen das dunkle Grün der Brunnenkresse und das Braun des Balsamessigs wirkt ihre Farbe besonders frisch und lebhaft.

FÜR 4 PERSONEN
12 Ochsenzungenblüten
2 kernlose Orangen
1 Bund Brunnenkresse

Für das Dressing
15 ml (1 EL) Balsamico
60 ml (4 EL) Olivenöl

1 Um die Blüten für den Salat vorzubereiten, die Blütenköpfe behutsam aus dem grünen Kelch ziehen; sie sitzen nicht sehr fest.

2 Die Orangen mit einem scharfen Messer schälen und waagerecht in dünne Scheiben schneiden. Die Orangenscheiben auf einem Salatteller anrichten und mit Brunnenkresse umlegen.

3 Die Ochsenzungenblüten auf den Orangen verteilen. Balsamico und Olivenöl verrühren und über die Orangen träufeln. Mit viel Baguettebrot zu kaltem Entenfleisch oder Enten-Pâté reichen.

Nelken

Gebirgsnelken stehen hier in Gesellschaft mit Stiefmütterchen. Für einen duftenden Hängekorb kann man sie mit Lavendel und Veilchen kombinieren.

Eine der zahlreichen Arten der Gattung Nelken sind die Gebirgsnelken. Sie gedeihen ebenso gut in Töpfen, Kästen und Hängekörben wie in Rabatten im Garten. Es gibt viele verschiedene Gebirgsnelken, aber alle lieben einen durchlässigen Boden und einen sonnigen Standort, an dem sie den ganzen Juni über und oftmals bis in den Juli hinein für Farbe und Wohlgeruch sorgen. Wie die meisten anderen bei uns beheimateten Nelkenarten lassen sie sich im Sommer leicht durch Stecklinge der nicht blühenden Triebe vermehren. Die kleinen, kompakten und immergrünen Pflanzen sind alle winterhart und haben ungefüllte, halbgefüllte oder gefüllte Blüten. Darüber hinaus unterscheidet man je nach Färbung der Blüten »einfarbige« Nelken, »berandete« Nelken mit einem dunkler oder heller gefärbten Rand, »gemusterte« Nelken mit Streifen, Flecken oder Punkten, die zur Grundfarbe kontrastieren, und »zweifarbige« Nelken, bei denen die Mitte eine andere Farbe als die übrige Blüte hat.

Im Garten

DRAHTKORB MIT VERSCHIEDENEN GEBIRGSNELKEN

Dieser Drahtkorb ist blau lackiert, so dass er gut zu den Farben der Pflanzenkombination passt und eine hübsche Ergänzung zu dem schlichten Arrangement aus verschiedenen Gebirgsnelken bildet. Die Auswahl geeigneter Nelken ist sehr groß. Man kann entweder die unten aufgeführten Sorten nehmen oder selbst eine entsprechende Anzahl an Gebirgsnelken auswählen, am besten Sorten, die besonders stark duften.

- PFLANZEN
  1 Gebirgsnelke *(Dianthus 'Whatfield Can-Can')*
  1 Gebirgsnelke *(Dianthus 'Whatfield Magenta')*
  1 Gebirgsnelke *(Dianthus 'Calypso Star')*
  1 Gebirgsnelke *(Dianthus 'Dainty Dame')*
- MOOS
- SCHUTZFOLIE Schwarze Kunststofffolie vom unteren Teil eines Müllsacks, großzügig auf die Höhe des Korbes zugeschnitten.
- DRAINAGE Topfscherben (Porzellan), Kies oder kleine Styroporstücke.
- SUBSTRAT (PFLANZERDE) Für Pflanzgefäße frisches Substrat verwenden. Geeignet ist ein Substrat auf Lehmbasis oder eine andere handelsübliche Pflanzerde.Es empfiehlt sich, vor der Verwendung ein Wasser speicherndes Tongranulat unter das Substrat zu mischen.
- PFLANZGEFÄSS Hier wurde ein blau lackierter Drahtkorb von knapp 35 cm Durchmesser verwendet.
- STANDORT Sonne oder Halbschatten.
- PFLANZZEIT Spätes Frühjahr.
- HAUPTBLÜTEZEIT Frühsommer bis Sommermitte.

PFLEGE

Das Substrat immer ausreichend feucht halten, insbesondere während der Wachstumsphase. Daran denken, alle verwelkten Blüten zu entfernen, um das Blütenwachstum zu fördern. Zur Verwendung in der Küche immer nur ganz frische Blüten abschneiden. Die Nelken nach der Blüte zurückschneiden, damit ihre kompakte Wuchsform erhalten bleibt. Falls gewünscht, Stecklinge schneiden und bewurzeln. Die Gebirgsnelken am Ende des Sommers an einen sonnigen Platz im Garten pflanzen. Sie können auch im Korb verbleiben, den man zum Überwintern an einen gut geschützten Platz im Garten stellen muss.

Nelken lassen sich einfach vermehren, wenn man im Sommer kräftige Seitentriebe als Stecklinge schneidet und zum Bewurzeln in Töpfe pflanzt (unten).

1 Den Boden und die Seiten des Korbes mit einer dicken Schicht Moos auskleiden. Unten in die Schutzfolie mehrere 2–3 cm lange Schlitze schneiden, damit überschüssiges Wasser ablaufen kann.

2 Die Folie in den Korb legen. Überstehendes Material wegschneiden oder stehen lassen und später nach innen schlagen. Eine Schicht Drainagematerial und danach so viel Substrat einfüllen, dass es bis etwa 5 cm unter den Korbrand reicht.

3 Die vier Gebirgsnelken rundum an den Rand des Korbes pflanzen. Gut wässern. Das Substrat um die Pflanzen andrücken. Falls erforderlich, mit weiterem Substrat auffüllen.

In der Küche

Die Blütenblätter von Nelken können überzuckert und mit etwas Zuckerguss zum Verzieren von Gebäck verwendet werden.

Mit ihrem an Gewürznelken erinnernden Duft waren Gebirgsnelken im Mittelalter eine beliebte Zutat in der Küche. In England nannte man sie damals auch *sops in wine*, was so viel wie »in Wein getränkt« bedeutete und sich auf ihre Verwendung zum Aromatisieren von Wein bezog. Englische Gärtnereien, die auf Nelken spezialisiert sind, bieten noch heute eine Varietät mit Namen *Dianthus* 'Sops in Wine' an.

Zur Verwendung der Blüten war und ist es üblich, die weißen Ansätze unten an den Petalen abzuschneiden, da sie bitter schmecken. Wie Rosmarin und Lavendel legte man Nelkenblüten lagenweise mit Zucker ein. Manchmal kam auch Essig für eine süßsaure Würzsauce dazu, oder man vermischte die Blütenblätter nur mit Essig. Aus Weißweinessig, Zimt, Muskatblüte und Unmengen an Nelkenpetalen bereitete man ein Pickle zu. Die eingelegten Petalen wurden dann mit Zucker und ein wenig frischem Essig zerstoßen, ähnlich wie die englische Minzesauce, die heute zu Lamm gegessen wird.

In der Küche

BAISERS MIT ÜBERZUCKERTEN NELKENPETALEN

Eine einfache Verwendungsmöglichkeit für Nelken in der Küche besteht darin, Blütenpetalen zu überzuckern und Baisers, Torten oder Eiscreme damit zu verfeinern und zu verzieren. Anstelle von Puderzucker kann man für die Baisers auch mit Rosen- oder Nelkenpetalen aromatisierten Zucker nehmen (siehe Seite 30).

ERGIBT ETWA 14 STÜCK

4 Eiweiß

225 g Puderzucker (oder Rosen- oder Nelkenzucker)

10 ml (2 TL) naturreine Vanille-Essenz (wenn einfacher Puderzucker verwendet wird)

Für die Füllung

300 ml Crème double

Zum Verzieren

40–50 überzuckerte Petalen von Gebirgsnelken, den weißen Ansatz entfernt (die Blütenblätter, damit sie trocknen können, einen Tag vor Zubereitung der Baisers überzuckern)

1 Den Backofen auf 120 °C vorheizen. Zwei Backbleche mit Pergamentpapier auslegen. Das Eiweiß in einer großen Schüssel steif schlagen. Esslöffelweise den Zucker dazugeben und den Eischnee schlagen, bis er fest ist und glänzt. Die Vanille-Essenz, falls verwendet, unterrühren.

2 Mit ausreichendem Abstand große Baiserkleckse auf die Backbleche setzen. Mit dem Löffelrücken eine Vertiefung in die Mitte drücken, so dass kleine Nester entstehen. Für etwa 1 1/4 Stunden in den Backofen schieben, bis die Baisers knusprig sind. Abkühlen lassen.

3 Die Sahne schlagen, bis sie gerade fest ist, und in die Baisernester setzen. Kurz vor dem Servieren die überzuckerten Nelkenpetalen darüber streuen.

Thymian

Thymianpflanzen bilden einen lieblichen Blütenflor, der hier die vordere Seite eines sommerlichen Kräuterkorbes ziert.

Es gibt viele verschiedene Thymianarten, für die man sich entscheiden kann, doch alle lieben einen trockenen, sonnigen Standort. Die Blätter haben ein starkes Aroma; ganz ähnlich schmecken die Blüten, nur etwas süßer. Besonders angenehm sind nach Zitrone duftende Thymianarten, doch stehen ihnen die mit Orangen- oder Kümmelduft in nichts nach. Lassen Sie Thymian zwischen Wärme speichernden Terassensteinen (sie lieben alkalische Böden) wachsen oder pflanzen Sie ihn in ein erhöhtes Beet. Er passt, auch mit anderen Kräutern, in Hängekörbe oder in Holzgefäße und Töpfe. Thymian lässt sich leicht durch Stecklinge vermehren, und man kann ihn auch aus Samen ziehen.

Im Garten

BLÜHENDES BOUQUET GARNI

In diesem mittelgroßen Terrakottatopf wächst Zitronenthymian 'Aureus' zusammen mit Petersilie und einem Lorbeerbaum – all die Zutaten, die man für ein Bouquet garni braucht.

- PFLANZEN
  1 Lorbeerbaum *(Laurus nobilis)*
  2 Thymianpflanzen *(Thymus x citriodorus 'Aureus')*
  3 Petersilienpflanzen *(Petroselinum crispum)*, eine davon ist glatte Petersilie *(P. c. var. neapolitanum)*
- DRAINAGE Topfscherben (Porzellan), Kies oder kleine Styroporstücke.
- SUBSTRAT (PFLANZERDE) Geeignet ist ein Substrat auf Lehmbasis oder eine andere handelsübliche Pflanzerde. Dem Substrat vor der Verwendung ein Wasser speicherndes Tongranulat zusetzen.
- PFLANZGEFÄSS Je nach Größe des Lorbeerbaums einen mittelgroßen bis großen Topf nehmen. Der hier verwendete Topf hat einen Durchmesser von 30 cm und eine Höhe von gut 25 cm.
- STANDORT Sonne.
- PFLANZZEIT Zeitiges Frühjahr.
- HAUPTBLÜTEZEIT Sommermitte bis Herbst.

1 Auf dem Boden des Pflanzgefäßes 5 cm hoch Drainagematerial verteilen und dann etwa 5 cm hoch Substrat einfüllen. Den Lorbeerbaum in die hintere Mitte des Topfes pflanzen und etwas mehr Substrat einfüllen.

2 Die beiden Thymianpflanzen links und rechts neben den Lorbeer setzen. Eine Petersilienpflanze in die vordere Mitte und die beiden anderen neben den Thymian an den vorderen Rand pflanzen.

3 Die Zwischenräume mit Substrat füllen. Gut angießen. Das Substrat um die Pflanzen andrücken und, wenn nötig, weiteres Substrat einfüllen.

PFLEGE

Das Substrat immer ausreichend feucht halten. Sobald die Petersilie gut angewachsen ist, kann sie regelmäßig geschnitten werden. Die Thymianblüten abschneiden, sobald sie welk werden, und die Triebe auf die Hälfte ihrer ursprünglichen Länge zurückschneiden, damit der Thymian eine kompakte Form behält. Die Thymianpflanzen und der Lorbeerbaum können über Jahre in dem Topf wachsen.

In der Küche

Lorbeerblätter, Petersilie und Thymian ergeben eine aromatische Kräutermischung, die sich für viele Gerichte eignet.

Thymian beginnt im Frühsommer in Rosatönen zu blühen. Die winzigen Blüten erscheinen entweder in Blütenständen am Ende der Triebe oder als Einzelblüten entlang den Zweigen. Zur Verwendung in der Küche sollten nur ganz frische Blüten abgeschnitten werden. Man kann sie zum Aromatisieren von Suppen, Pâtés, Salaten, Pasta, Buttermischungen und Ölen verwenden. Sie haben ein lebhaftes, oftmals zitronenartiges Aroma, das den Geschmack vieler Speisen hebt.

In der Küche

PROVENZALISCHE THYMIAN-CHAMPIGNONS

Hier streut man Thymianblüten über gefüllte Champignons, die im Backofen gegart wurden. Die Tymianblüten verleihen dem Gericht ein typisch mediterranes Aroma.

FÜR 8 PERSONEN
- 8 große Champignons
- 120 ml (8 EL) feine Weißbrotkrumen
- 30 ml (2 EL) Thymianblättchen
- 2 Knoblauchzehen, fein gehackt
- 30 ml (2 EL) Thymianblüten
- Grobes Salz und frisch gemahlener schwarzer Pfeffer
- 45 ml (3 EL) Olivenöl

1 Die Champignons säubern und die Haut von den Köpfen abziehen. Die Stiele herausbrechen und hacken. Die Pilze mit der Lamellenseite nach oben in eine große ofenfeste Form legen.

2 Brotkrumen, gehackte Champignonstiele, Thymianblättchen und Knoblauch gut vermengen. Kräftig mit Salz und Pfeffer würzen und 15 ml (1 EL) Olivenöl hinzufügen. Anschließend 15 ml (1 EL) Thymianblüten untermischen.

3 Die Champignons mit der Brotmischung füllen und das restliche Olivenöl darüber träufeln.

4 Im Backofen bei 180 °C etwa 15 Minuten garen, bis die Brotkrumen leicht gebräunt sind. Die Champignons mit den restlichen Thymianblüten bestreuen und sofort servieren.

FRISCHES BOUQUET GARNI

Ein oder zwei kleine Kräutersträußchen aus einigen Lorbeerblättern, etwas Petersilie und ein paar – falls möglich blühenden – Thymianzweigen mit Küchenschnur binden und zum Kochen einer Brühe oder zum Aromatisieren einer weißen Fischsauce verwenden. Da diese Pflanzen immergrün sind, stehen sie das ganze Jahr über frisch zur Verfügung. Im Frühsommer kann man dann sowohl auf Thymianblättchen wie auf Thymianblüten zurückgreifen.

Salbei

Salbeiblüten haben ein ausgeprägtes Aroma und erscheinen in so großer Zahl, dass man sie für viele verschiedene Gerichte verwenden sollte, darunter Blattsalate, Buttermischungen und Saucen.

Salbei bringt in der Sommermitte eine Unmenge Blüten hervor, die voller Aroma stecken und wie eine mildere Version der Blätter schmecken. Es gibt eine Reihe von Salbeiarten, die sich für kulinarische Zwecke eignen. Einige haben schmale graue Blätter, bei anderen sind die Blätter goldgelb gefleckt oder dunkelviolett. Die Sorte 'Tricolor' hat dreifarbige Blätter, ist aber nur bedingt winterhart. Alle bringen blaue oder violette Blüten hervor, die sehr schmackhaft sind.

Darüber hinaus gibt es Sorten wie *Salvia elegans* 'Scarlet Pineapple' mit schlanken roten Blüten, die nach Ananas duften und durch ihre herrliche Farbe sowie ihr intensives Aroma erfreuen. Und auch der Muskatellersalbei *(Salvia sclarea)* bringt Blüten hervor, die ganz köstlich schmecken.

Im Garten

SALBEI UND SCHNITTKNOBLAUCH IM KÜBEL

In diesem Gefäß wachsen winterharte Salbeisorten mit unterschiedlich gefärbten Blättern, die zur Mitte des Sommers Blüten in verschiedenen Blautönen hervorbringen. Dazwischen ist Schnittknoblauch gepflanzt, der einen milden Knoblauchgeschmack hat und sich vielfältig verwenden lässt.

- PFLANZEN
  1 breitblättrige Salbeipflanze *(Salvia officinalis* 'Broad Leaf'*)*
  1 goldblättrige Salbeipflanze *(Salvia officinalis* 'Icterina'*)*
  1 purpurrote Salbeipflanze *(Salvia officinalis* 'Purpurea'*)*
  3 Schnittknoblauchpflanzen *(Allium tuberosum)*
- DRAINAGE Topfscherben (Porzellan), Kies oder kleine Styroporstücke.
- SUBSTRAT (PFLANZERDE) Für Gefäße frisches Substrat verwenden. Geeignet ist ein Substrat auf Lehmbasis oder andere handelsübliche Pflanzerde. Ein Wasser speicherndes Tongranulat unter das Substrat mischen.
- PFLANZGEFÄSS Hier wurde ein großer Pflanzkübel von 40 cm Durchmesser und 25 cm Höhe verwendet. Geeignet ist auch ein halbes Holzfass.
- STANDORT Volle Sonne.
- PFLANZZEIT Zeitiges Frühjahr bis Sommermitte.
- HAUPTBLÜTEZEIT Sommermitte bis Herbst.

1 Auf dem Boden des Pflanzgefäßes 5 cm hoch Drainagematerial verteilen und etwa 8–10 cm hoch Substrat einfüllen.

2 Die drei Salbeipflanzen in gleichmäßigem Abstand an den Rand des Kübels pflanzen und den Schnittknoblauch jeweils dazwischen setzen.

3 Alle Zwischenräume mit Substrat füllen, so dass es bis gut 2 cm unter den Rand reicht. Gut angießen. Das Substrat rund um die Pflanzen andrücken und, falls erforderlich, mit weiterem Substrat auffüllen.

PFLEGE

Das Substrat während der Wachstumsphase immer ausreichend feucht halten, im Winter jedoch nur wenig gießen. Möglicherweise blühen die Pflanzen erst im zweiten Jahr. Die Blüten zum Kochen verwenden. Sobald die Blütezeit vorüber ist, alle Blütenrispen abschneiden. Im zeitigen Frühjahr des folgenden Jahres den Salbei um etwa ein Drittel zurückschneiden. Nach Möglichkeit die Pflanzen in einen größeren Kübel setzen.

In der Küche

Die langen, schlanken Blüten aller Salbeiarten sind erstaunlich schmackhaft.

Die Blüten der großen Salbeifamilie lassen sich zum Aromatisieren von Ölen, Essig, Buttermischungen, kalten Saucen und anderen kulinarischen Köstlichkeiten verwenden.

Aus dem 17. Jahrhundert sind Rezepte für »Salbeiwasser« überliefert, für das man Salbeiblüten in Weißwein oder Wasser ansetzte und anschließend destillierte. Für sogenannten eingemachten Salbei wurden die Blüten mit Zucker verschlagen und in Gläser gefüllt.

Blüten von Muskatellersalbei streute man gerne über Salate oder Suppen und nahm sie zur Herstellung von Wein.

In der Küche

SENFSAUCE MIT SALBEIBLÜTEN

Diese cremige Sauce hat ein mildes Senfaroma; durch die Zugabe von Salbeiblüten schmeckt sie besonders köstlich und sieht noch schöner aus. Im Hochsommer ist sie eine einfache, aber leckere Sauce zu Grillwürsten. Nehmen Sie je nach persönlichem Geschmack mehr oder weniger Salbei.

FÜR 4 PERSONEN

- 30 ml (2 EL) Salbeiblüten, alle grünen Teile entfernt
- 60 ml (4 EL) Crème fraîche
- 1 ml (1/4 TL) englisches Senfpulver
- 15 ml (1 EL) junge Salbeiblättchen
- 15 ml (1 EL) Schnittknoblauch

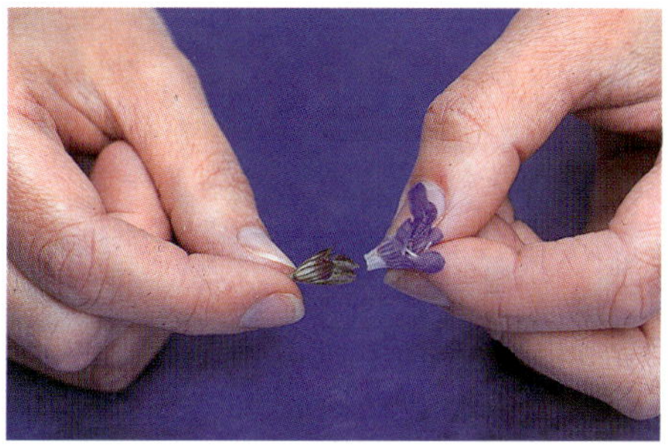

1 Die Salbeiblüten behutsam aus den Blütenkelchen ziehen. Blüten, die dabei beschädigt werden, wegwerfen (oben).

2 In einer Schüssel Crème fraîche und Senfpulver verrühren.

3 Die Salbeiblättchen und den Schnittknoblauch in sehr feine Stücke schneiden und mit in die Schüssel geben (oben).

4 Die Zutaten durchheben und die Salbeiblüten hinzufügen. Zu Grillwürsten, grünem Salat und knusprigen Brötchen servieren.

KÜCHENTIPP
Salbeiblüten verlieren ihre herrliche Farbe und färben sich braun, wenn sie beim Kochen erhitzt werden.

Zitronenstrauch

Der Zitronenstrauch ist ein laubwechselnder Strauch aus Chile und Argentinien, wo er bis zu 3 m hoch wird. Seine Blätter riechen so stark nach Zitrone, dass der Duft selbst nach einer kurzen Berührung noch lange an den Fingern haftet. Er verträgt keinen Frost und sollte daher in einem Kübel gezogen und im Gewächshaus überwintert werden, wo selbst die trockenen Blätter einen betörenden Duft verströmen. Während der Wintermonate hält man ihn recht trocken, im Frühling, wenn neue Blätter erscheinen, gießt man ihn etwas mehr. Damit der Strauch eine hübsche Form behält, wird er im Frühling zurückgeschnitten. Als Kübelpflanze erreicht er eine Höhe von 90 cm bis 120 cm.

Die zarten Blüten des Zitronenstrauchs sind winzig, haben aber, ebenso wie die Blätter, ein sehr kräftiges Zitronenaroma.

Im Garten

ZITRONEN- UND ORANGENDUFT

Dieser Blumenkasten steckt voller aromatischer Blätter. Die nach Zitrone und Orange duftenden Pelargonien passen wunderbar zum Zitronenstrauch.

- PFLANZEN
  - 1 Duftpelargonie *(Pelargonium crispum* 'Variegatum'*)*
  - 1 Duftpelargonie *(Pelargonium* 'Prince of Orange'*)*
  - 1 Zitronenstrauch *(Aloysia triphylla)*
- DRAINAGE Topfscherben (Porzellan), Kies oder kleine Styroporstücke.
- SUBSTRAT (PFLANZERDE) Ein Substrat auf Lehmbasis oder eine andere handelsübliche Pflanzerde verwenden und ein Wasser speicherndes Tongranulat zusetzen.
- PFLANZGEFÄSS Ein Blumenkasten von 40 cm Länge und 15 cm Breite und Höhe.
- STANDORT Bis zum Frühsommer im Wintergarten oder Gewächshaus, anschließend an einem geschützten sonnigen Platz im Garten.
- PFLANZZEIT Frühsommer.
- HAUPTBLÜTEZEIT Sommer bis Herbst.

1 Auf dem Boden des Pflanzgefäßes 2–3 cm hoch Drainagematerial verteilen und etwa 5 cm hoch Substrat einfüllen.

2 Die goldblättrige Pelargonie an ein Ende des Kastens, den Zitronenstrauch in die Mitte und die nach Orange duftende Pelargonie an das andere Ende pflanzen. Bis gut 2 cm unter den Rand Substrat in den Kasten füllen. Gut angießen und die Pflanzen andrücken.

PFLEGE

Das Substrat vom späten Frühjahr an den ganzen Sommer hindurch immer ausreichend feucht halten. Während der kühlen Tage im Winter nur sehr wenig gießen. Die Blüten in der Küche verwenden oder abschneiden, um das Blütenwachstum anzuregen. Im Gewächshaus oder im Wintergarten überwintern. Im folgenden Jahr in ein größeres Pflanzgefäß setzen.

In der Küche

Abgeschnittene Blütenstände halten sich nicht sehr lange, so dass man sie erst kurz vor der Verwendung schneiden sollte.

Die Blüten und Blätter des Zitronenstrauchs mit ihrem kräftigen Aroma können für Getränke, Eiscreme und Gelees verwendet werden. Wenn man für einen Biskuitkuchen ein paar Blätter auf den Boden der Backform legt, geben sie dem Teig ihr Aroma. Getrocknet oder aber als Pulver würzen sie Füllungen, Fischfrikadellen und Kräuterklößchen. Frische Zitronenstrauchblätter wie -blüten kann man für duftende Öle und Essige nehmen, während sich getrocknete Blätter gut für Potpourris eignen. Die Blätter von Duftpelargonien lassen sich ebenso in der Küche verwenden.

In der Küche

APFELSCHNEE MIT ZITRONENSTRAUCH-AROMA

Bei diesem Rezept dienen Zitronenstrauchblätter zum Aromatisieren einer Apfelsüßspeise, die zum Servieren mit den zarten Blütenrispen der Pflanze garniert wird.

FÜR 4 PERSONEN
450 g Kochäpfel, geschält und Kerngehäuse entfernt
50 g Zucker (extrafein)
30 ml (2 EL) Wasser
16 junge Zitronenstrauchblätter
2 Eiweiß

Zum Garnieren
4 Blütenrispen vom Zitronenstrauch
4–8 junge überzuckerte Zitronenstrauchblätter (nach Belieben)

1 Die Äpfel in Stücke schneiden und mit dem Zucker, dem Wasser und den Zitronenstrauchblättern in einen Topf geben. Den Deckel auflegen und alles 10–15 Minuten köcheln lassen. Durch ein Sieb streichen, um die Äpfel zu pürieren und die Aromastoffe aus den Blättern zu ziehen. Das Apfelmus abkühlen lassen.

2 Das Eiweiß steif schlagen und unter das Apfelmus heben.

3 In Gläser füllen und mit Blütenrispen und eventuell ein oder zwei überzuckerten Blättern garnieren.

KÜCHENTIPP
Bleibt etwas vom Apfelschnee übrig, geschlagene Sahne unterheben und für eine köstliche Eiscreme in das Tiefkühlgerät stellen. Unmittelbar vor dem Servieren mit Zitronenstrauchblüten bestreuen.

Pelargonien

'Attar of Roses' hat nach Rosen duftende Blätter und blassrosa Blüten (rechts).

'Capitatum' hat ebenfalls duftende Blätter und kräftig rosarote Blüten (links).

Duftpelargonien zeichnen sich durch ihre wohlriechenden Blätter aus. Es gibt Sorten mit Zitronen-, Gewürz-, Pfefferminz- und Orangenduft; eine der schönsten ist 'Attar of Roses' mit ihren weichen, flaumigen Blättern, die nach Rosen duften. Die Blüten von Duftpelargonien variieren in Farbe und Größe, wobei die der 'Attar of Roses' klein und blassrosa, die von 'Capitatum' größer und leuchtend rosarot sind. 'Prince of Orange' zeigt eine kastanienbraune Zeichnung auf den Petalen. *Pelargonium crispum* 'Variegatum' hat nach Zitrone duftende Blätter und blass malvenfarbene Blüten, die allerdings in nicht sehr großer Zahl erscheinen. Dies sind nur einige der vielen erhältlichen Duftpelargonien.

Duftpelargonien vertragen keinen Frost und müssen daher im Gewächshaus oder auf der Fensterbank überwintert werden. Während dieser Zeit sollte man sie recht trocken halten. Im Sommer können sie im Haus oder draußen stehen. Zur Vermehrung schneidet man im Frühling oder im Herbst Stecklinge von nicht blühenden Trieben.

Im Garten DUFTENDER PELARGONIENTOPF

Zarte Pelargonien 'Attar of Roses' und 'Capitatum' wachsen hier zusammen mit einem älteren Zitronenstrauch, der bereits mehrmals umgetopft wurde.

- PFLANZEN
  1 Zitronenstrauch *(Aloysia tryphylla)*
  1 Duftpelargonie *(Pelargonium* 'Attar of Roses'*)*
  1 Duftpelargonie *(Pelargonium* 'Capitatum'*)*
- DRAINAGE Topfscherben (Porzellan), Kies oder kleine Styroporstücke.
- SUBSTRAT (PFLANZERDE) Für Pflanzgefäße frisches Substrat verwenden. Geeignet ist ein Substrat auf Lehmbasis oder eine andere handelsübliche Pflanzerde. Vor der Verwendung kann ein Wasser speicherndes Tongranulat unter das Substrat gemischt werden.
- PFLANZGEFÄSS Ein Pflanzkübel von 40 cm Durchmesser und 30 cm Höhe.
- STANDORT Bis zum Frühsommer im Wintergarten oder im Gewächshaus, danach an einem geschützten sonnigen Platz im Freien.
- PFLANZZEIT Frühsommer.
- HAUPTBLÜTEZEIT Sommermitte bis Herbst.

Ein Topf mit Duftpelargonien schmückt hier eine Terrasse.

1 Auf dem Boden des Kübels 5 cm hoch Drainagematerial verteilen und etwa 15 cm hoch Substrat einfüllen.

2 Den Zitronenstrauch im hinteren Bereich in die Mitte pflanzen und die beiden Pelargonien links und rechts davor setzen.

3 Den Pflanzkübel bis gut 2 cm unter den Rand mit Substrat füllen. Gut wässern und das Substrat rund um die Pflanzen andrücken.

PFLEGE
Das Substrat vom späten Frühjahr an den ganzen Sommer über immer ausreichend feucht halten. Während der kühlen Wintertage nur wenig gießen. Die Blüten in der Küche verwenden oder abschneiden, um das Blütenwachstum zu fördern. Im Gewächshaus oder im Wintergarten überwintern. Alle zwei Jahre in ein größeres Gefäß umtopfen. Den Zitronenstrauch und die Pelargonien im Frühjahr zurückschneiden. Auch bei starkem Rückschnitt treiben sie bald neu aus.

In der Küche

Duftpelargonien gehören zu den wenigen Pflanzenbeispielen in diesem Buch, bei denen die Blätter stärker duften als die Blüten. Aus diesem Grund werden die Blüten in diesem Rezept auch eher ihrer Farbe wegen verwendet. Die überzuckerten Blüten sehen ganz prächtig auf Biskuitrollen, Torten und Baisers aus. Und auch in Eiswürfeln oder in einer Eisschale kommen sie schön zur Geltung.

BISKUITROLLE MIT DUFTPELARGONIEN

Bei diesem Rezept geben Blätter von 'Attar of Roses' dem Biskuitteig Aroma. Zum Garnieren der fertigen Biskuitrolle werden die hübsch gefärbten Blütenblätter der Sorte 'Capitatum' verwendet.

FÜR 6 PERSONEN
12–16 Pelargonienblätter von 'Attar of Roses'
5 Eier (Größe M), getrennt
275 g Zucker (extrafein)
2 EL Puderzucker sowie Puderzucker zum Bestäuben
300 ml Crème double
Einige Tropfen Rosenwasser
2–3 Kiwis
10–15 frische oder überzuckerte Pelargonienpetalen von 'Capitatum'

1 Den Backofen auf 180 °C vorheizen. Ein etwa 20 x 30 cm großes Backblech mit Backpapier auslegen und die Pelargonienblätter auf dem Papier verteilen (oben).

2 Das Eigelb und den Zucker schaumig schlagen.

3 In einer zweiten Schüssel das Eiweiß steif schlagen. Den Eischnee gleichmäßig unter die Eigelbmasse heben.

4 Die Biskuitmasse über die Pelargonienblätter gießen und etwa 8–10 Minuten backen, bis sie gerade fest ist.

5 Aus dem Ofen nehmen und den Biskuit leicht abkühlen lassen.

6 Die Biskuitplatte umgedreht auf ein frisches, mit Puderzucker bestäubtes Stück Backpapier legen. Vorsichtig die Pelargonienblätter entfernen.

7 Ein paar Tropfen Rosenwasser zur Sahne geben und diese dann schlagen, bis sich weiche Spitzen bilden.

8 Die geschlagene Sahne auf der Biskuitplatte verstreichen. Die Kiwis schälen, in dünne Scheiben schneiden und auf der Sahne verteilen.

9 Die Biskuitplatte von der schmalen Seite aus zusammenrollen (oben). Mit Puderzucker bestäuben und mit frischen oder überzuckerten Pelargonienblüten garnieren (rechts).

Taglilien

Taglilien sind in den sumpfigen Flusstälern und Grasniederungen von Japan, China und Korea heimisch. Sie haben Büschelwurzeln und lange, riemenförmige Blätter. Ihre an den verzweigten Schäften sitzenden Blüten halten zumeist nur einen Tag, daher auch der Name. Sie öffnen sich am Nachmittag und bleiben die Nacht über offen. Allerdings dauert die Blütezeit der Taglilien gewöhnlich mehrere Wochen, da die Pflanzen immer wieder neue Knospen hervorbringen. Die Farbe der Blüten reicht von Cremeweiß und Gelb über Rosa, Orange und Rot bis zu Dunkelviolett und fast Schwarz. Orangefarbene Taglilien sind am verbreitetsten, und *Hemerocallis fulva* mit ihren bräunlich orangefarbenen Petalen ist ein besonders schönes Beispiel.

Taglilien sind sehr einfach zu ziehen, und aus einer einzigen Pflanze wird schon in kurzer Zeit ein großes Büschel.

Im Garten

Die Pflanzen bilden große Büschel von bis zu 1 m Höhe und 1,2 m Durchmesser. Sie lieben einen feuchten, sonnigen Standort. Es gibt auch viele Zwergformen, die sich für Töpfe und Kästen eignen.

Die Blüten der Tigerlilie (Lilium lancifolium) *sind seit langer Zeit eine beliebte Zutat in der chinesischen Küche. Sie kann durch 'Enchantment' ersetzt werden. Hier wächst sie mit einer roten Gartenmelde* (Atriplex hortensis) *in einem großen Topf (oben).*

Hemerocallis fulva *'Europa' stammt von einer der Hauptarten der Taglilie ab und hat bräunlich orangerote Blüten mit einer kräftig gelben Basis (rechts).*

In der Küche

Die Blüten und Knospen von Taglilien haben ein sehr ausgeprägtes Aroma, das an pfeffrige Zuckererbsen erinnert.

Taglilien werden in der chinesischen Küche seit Jahrhunderten verwendet. Sowohl die Blütenknospen wie auch die Petalen sind essbar. Sie sind knackig und haben das Aroma von Zuckererbsen mit einem pfeffrigen Nachgeschmack. Die Blüten eignen sich für pfannengerührte Gerichte, für Pasta oder Salate. Bei dem Rezept unten werden Taglilienpetalen mit den übrigen Zutaten unter Rühren in der Pfanne gegart. Das fertige Gericht wird mit frischen Blütenblättern garniert.

In der Küche

PFANNENGERÜHRTES ENTENFLEISCH MIT TAGLILIEN

Zusammen mit einem Hauch von Ingwer sorgt das Aroma von Taglilienblüten für eine besonders schmackhafte Zubereitungsart von Entenfleisch.

FÜR 4 BIS 6 PERSONEN

- 450 g magere Entenbrust
- 1 Knoblauchzehe, zerdrückt
- 2 Scheiben frischer Ingwer, geraspelt
- 45 ml (3 EL) Pflanzenöl
- 4 Frühlingszwiebeln, in lange Stücke geschnitten und längs halbiert
- 20 Taglilienknospen, längs halbiert
- 45 ml (3 EL) Sojasauce
- 30 ml (2 EL) Sherry
- Petalen von 4 Taglilienblüten
- 10 ml (2 TL) Maisstärke
- Nudeln (zum Servieren)

Zum Garnieren

- 2 Taglilienblüten

KÜCHENTIPP

Taglilien öffnen sich nur am Nachmittag, doch kann man sie überlisten, so dass die Blüten morgens aufgehen. Dazu schneidet man Triebe mit prallen Knospen ab und legt sie über Nacht in den Kühlschrank. Stellt man sie am nächsten Tag in heißes Wasser, sieht man, wie sie sich öffnen.

1 Das Entenfleisch in kleine Stücke schneiden und mit Knoblauch und Ingwer in eine Schüssel geben. 15 ml (1 EL) Pflanzenöl hinzufügen und zum Marinieren 30 Minuten stehen lassen.

2 Das restliche Öl in einem Wok oder einer hohen Bratpfanne erhitzen. Die Frühlingszwiebeln und die Taglilienknospen dazugeben und 30 Sekunden unter Rühren garen.

3 Das Entenfleisch zusammen mit dem Knoblauch und dem Ingwer hinzufügen und 2 Minuten unter Rühren braten.

4 Sojasauce, Sherry und Taglilienpetalen dazugeben und 2 Minuten garen. Die Maisstärke mit 15 ml (1 EL) Wasser anrühren und mit in die Pfanne geben. Alles 1 Minute erhitzen und rühren, bis die Flüssigkeit eindickt.

5 Mit frischen Taglilienpetalen garnieren und mit Nudeln servieren.

Holunder

Holunder ist in Nordeuropa heimisch und stark verbreitet. Da er sich sehr leicht durch Samen vermehrt, die häufig von Vögeln verstreut werden, findet man ihn oft an den erstaunlichsten Plätzen. Glücklicherweise lassen sich die Wurzeln von Holundersämlingen leicht aus der Erde ziehen; ab dem zweiten Jahr ist dies allerdings schon schwieriger.

Holunder ist zweifellos von großem Wert in der Küche, sowohl im Sommer, wenn er seine zahllosen cremeweißen Blüten trägt, wie auch im Herbst, wenn er voller Beeren hängt, die eine herrliche dunkelviolette Farbe haben. Unreife Holunderbeeren dürfen nicht gegessen werden, und die reifen Beeren müssen vor dem Verzehr gekocht werden.

Der Duft von Holunderblüten, die sich gerade geöffnet haben, erinnert an Muskatellertrauben.

Im Garten

Sobald Holunder gut angewachsen ist, kann man ihn bis zum Boden zurückschneiden; er treibt dann bald neu aus. Unbeschnitten kann er eine Höhe und einen Durchmesser von 6 m erreichen. Es gibt verschiedene Sorten, darunter 'Aurea' mit goldgelben Blättern und 'Guincho Purple'.

In Nordeuropa, Skandinavien und Russland gibt es viele Geschichten und Märchen über den Holunder, und in vielen davon geht es um Zauberei. In England erzählte man sich früher beispielsweise, man könnte den König der Elfen mit seinem Gefolge vorbeiziehen sehen, wenn man einen Holunderbusch in den Kräutergarten pflanzen und sich am Johannistag um Mitternacht darunter stellen würde.

In der Küche

Ein Nachmittagstee im englischen Stil wird umso schöner, wenn man köstliche Scones und Holunderblüten-Erdbeer-Marmelade dazu serviert.

Holunderblüten haben einen betörenden, moschusartigen Duft, und dieser Duft hat sie zu einer überaus beliebten Zutat für heiße und kalte Getränke gemacht. Holunderblütensirup und -saft, Holunderblütentee, Holunderblütenlikör und der ganz besonders köstliche Holunderblütensekt (Seite 34) werden schon seit Generationen hergestellt. Nehmen Sie für die Küche nur die frischesten Blüten, die sich gerade öffnen, da ihr Aroma am besten ist. Wie man Insekten entfernt, die an den Trugdolden und in den kleinen Blüten sitzen, steht auf Seite 21.

In der Küche HOLUNDERBLÜTEN-ERDBEER-MARMELADE

Diese Marmelade, die ihre besondere Note durch das moschusartige Aroma der Holunderblüten erhält, kann man auf Scones genießen; nach englischer Tradition gibt man noch einen Klacks Schlagsahne obendrauf. Zum Nachmittagstee serviert, erfreut sie an Sommer- wie an Wintertagen.

ERGIBT ETWA 4,5 kg
- 8 Holunderblütendolden, bei denen sich die Blüten gerade geöffnet haben
- 3,2 kg Erdbeeren
- Saft von 2 Zitronen
- 2,7 kg Zucker

ANDERE KULINARISCHE MÖGLICHKEITEN

Für einen Tee aus Holunderblüten und Pfefferminze 3 oder 4 Blütendolden und eine kleine Hand voll Pfefferminze mit 850 ml kochendem Wasser übergießen; nach 4 Minuten abseihen.

Holunderblüten lassen sich auch zum Aromatisieren von Rhabarber und von Obst, wie Erdbeeren und Stachelbeeren, sowie zum Kochen von Marmelade verwenden. Für Hollerküchlein kleinere Dolden in Backteig tauchen und in Fett schwimmend ausbacken.

1 Die Holunderblüten vom Hauptstiel abschneiden und in ein Säckchen aus Käseleinen binden.

2 Die Kelchblätter und den Stielansatz der Erdbeeren entfernen. Die Erdbeeren mit dem Zitronensaft zerdrücken und in einen Marmeladenkochtopf geben. Das Säckchen mit den Holunderblüten hinzufügen.

3 Die Früchte köcheln lassen, bis sie weich sind. Dabei häufig umrühren, damit nichts anhängt.

4 Den Zucker dazugeben und rühren, bis er sich aufgelöst hat. Kräftig kochen lassen, bis der Gelierpunkt erreicht ist. Um dies zu testen, einen Teelöffel voll Marmelade auf eine Untertasse geben und abkühlen lassen. Bildet sich eine »Falte«, wenn man mit dem Finger dagegen drückt, wird die Marmelade fest.

5 Mit einem Schaumlöffel das Holunderblüten-Säckchen und den Schaum, der sich oben auf der Marmelade abgesetzt hat, entfernen.

6 Durchrühren und in sterilisierte Gläser füllen. Die Gläser verschließen und beschriften. Geöffnete Gläser im Kühlschrank aufbewahren und innerhalb einer Woche aufbrauchen.

Borretsch

Der unverwechselbare himmelblaue Blütenstern des Borretsch war im Mittelalter ein beliebtes Stickereimotiv.

Mit ihrer zartblauen Farbe und ihrer anmutigen Sternform fallen die Borretschblüten sofort ins Auge. Die Blütenblätter sind zwar in der Regel blau, doch findet man zuweilen auch Pflanzen mit rosafarbenen oder sogar weißen Petalen. Borretsch wird seit Jahrhunderten zum Kochen verwendet. Die frischen Blüten schmecken intensiv nach Salatgurke, insbesondere wenn man ihre schwarze Blütenmitte mit dem süßen Nektar ebenfalls isst. Die Stengel haben einen hohen Wassergehalt; sie können geschält und wie Salatgurke verwendet werden. In der Vergangenheit, als Salatgurken nur zur Verfügung standen, wenn man ein Gewächshaus besaß, dienten Borretschstengel deshalb auch häufig als Ersatz.

Im Garten

Borretsch ist eine winterharte einjährige Pflanze, die sich selbst aussät oder im Frühling aus Samen gezogen werden kann. Sie wächst im Frühsommer rasch heran und erreicht in der Sommermitte eine Höhe von etwa 60 cm und einen Durchmesser von 45 cm. Borretsch gedeiht gut an einem sonnigen Standort und kann zwischen rosarote Rosen sowie viele Stauden gepflanzt werden. Ebenso reizvoll sieht er neben Indianernesseln und Salbei im Kräutergarten aus.

Die Pflanzen lassen sich auch in großen Töpfen oder Kübeln ziehen. Ein halbes Holzfass oder ein großer Terrakottatopf sind ideale Pflanzgefäße. Dabei kann man zwei oder drei Borretschpflanzen für sich alleine in das Pflanzgefäß setzen oder eine Einzelpflanze in der Mitte platzieren und mit niedrigeren Kräutern umpflanzen. Mit Minze und Zitronenmelisse ergibt sich eine perfekte Zusammenstellung zum Aromatisieren einer Sommerbowle. Wenn nötig, muss der Borretsch mit Stäben abgestützt werden, da er in Töpfen und Kübeln recht »kopflastig« werden kann.

Was spricht dagegen, einen essbaren Blumengarten anzulegen und Borretsch neben Zucchini, Kapuzinerkresse und Sonnenblumen wachsen zu lassen? Zwei oder drei Borretschpflanzen reichen zum Gebrauch in der Küche, doch sie sind so einfach zu kultivieren und sehen so hübsch aus, dass man ruhig auch mehr davon anpflanzen kann.

In der Küche

Borretschblüten gehören zu den schönsten essbaren Blüten, die es gibt.

Borretschblüten wirken mit ihrer herrlichen blauen Farbe so elegant und ansprechend, dass sie allein ihres Aussehens wegen eine Bereicherung für viele Speisen und Gerichte sind. Ihre Sternform mit den markanten schwarzen Staubgefäßen in der Mitte ist überall ein Blickfang.

Überzuckert eignen sich die Blüten als Dekoration für Torten und für die verschiedensten Desserts. Sie passen gut zu anderen überzuckerten Blüten oder deren Petalen, wie etwa denen von Nelken und Rosen. Man kann sie auch über Obst streuen oder für Sommergetränke in Eiswürfel einfrieren.

In der Küche

SOMMERBOWLE

Sommerzeit bedeutet eine erfrischende Bowle an einem müßigen Nachmittag, und die Blüten des Borretsch machen aus einer solchen Bowle etwas ganz Besonderes. Bei diesem Rezept wird das Aroma von Salatgurke und Minze durch Borretschblüten verfeinert.

FÜR 4 BIS 6 PERSONEN

Einige Borretschblütenstiele
1/4 Salatgurke
1 kleine unbehandelte Orange
1/4 Flasche Pimm's, gekühlt
Einige Stengel Minze und/oder Zitronenmelisse
Eiswürfel
1 Flasche Zitronenlimonade, Ginger Beer oder Ginger Ale

1 Zunächst die Borretschblüten behutsam aus ihren grünen Kelchen ziehen; im allgemeinen sitzen sie nicht sehr fest.

2 Die Gurke der Länge nach halbieren und in dünne Scheiben schneiden. Die Orange mit der Schale in Stücke schneiden. Die Gurken- und Orangenstücke in einen großen Krug geben und den Pimm's, die Minze und/oder die Zitronenmelisse und anschließend die Borretschblüten und die Eiswürfel hinzufügen. Limonade, Ginger Beer oder Ginger Ale behutsam unterrühren. In hohen Gläsern, garniert mit Borretschblüten, servieren.

In der Küche

SOMMERLICHER FRÜCHTETELLER

Borretsch

Dies ist ein Obstsalat, bei dem die einzelnen Früchte in all ihrer Schönheit zur Geltung kommen können. Die Sommerbeeren sehen geradezu prächtig aus mit einem »Bach« aus Himbeerpüree, der zwischen ihnen hindurchläuft und mit leuchtend blauen Borretschblüten bestreut ist. Es ist eine Rezeptidee, die verschiedene Ausführungen zulässt. Der Früchteteller kann schlicht ausfallen und aus nur zwei Obstarten bestehen oder so üppig sein wie bei der hier gezeigten Zusammenstellung.

Borretsch hat eine lange Blütezeit, was bedeutet, dass man ihn mit vielen Sommerfrüchten kombinieren kann, angefangen bei Erdbeeren und Himbeeren bis zu Pfirsichen und Aprikosen, die erst später Saison haben.

FÜR 6 BIS 8 PERSONEN

3–4 Passionsfrüchte
1/2 Melone
350 g Erdbeeren
115 g Kirschen
100 g Heidelbeeren
115 g Himbeeren
12–15 Borretschblüten

Für das Püree

225 g Himbeeren
1 EL Puderzucker

Zum Servieren

Zucker (etrafein) und halbfest geschlagene Sahne

1 Das Obst vorbereiten. Dazu die Passionsfrüchte halbieren. Die Melone in Stücke schneiden oder einen Kugelausstecher benutzen, um kleine Melonenkugeln zu erhalten. Einige Erdbeeren in Scheiben schneiden, den Rest ganz belassen und auch die Kelchblätter mit dem Stielansatz nicht entfernen. Auch an den Kirschen kann der Stiel verbleiben. Heidelbeeren und Himbeeren ebenfalls ganz belassen.

Wer möchte, kann später bei Tisch, unmittelbar vor dem Servieren, die Kelchblätter der Erdbeeren und die Kirschstiele entfernen und das Fleisch der Passionsfrüchte mit einem Löffel herausheben.

2 Für das Püree die Himbeeren durch ein Sieb in eine Schüssel streichen, um die Samen zu entfernen (oben). Den Puderzucker unterrühren und, wenn nötig, mit weiterem Puderzucker nachsüßen.

3 Das Obst auf einer großen Servierplatte so anrichten, dass in der Mitte ein Streifen frei bleibt. Das Himbeerpüree entlang der Mitte auf dem Teller verteilen, so dass es am Rand zwischen die Beeren und Melonen läuft (oben). Die Früchteplatte bis zum Servieren kalt stellen.

4 Unmittelbar vor dem Servieren die Borretschblüten auf dem Himbeerpüree verteilen. Zu dem Früchteteller extrafeinen Zucker und halbfest geschlagene Sahne reichen.

Rosen

Die Rose 'William Lobb' hat »bemooste« Kelchblätter und einen apfelähnlichen Geruch (rechts).

'Gertrude Jekyll' ist sowohl ihres Duftes wie auch ihrer Farbe wegen beliebt. Sie ist eine ideale Rose für den Garten und für große Pflanzgefäße (links).

'Rosa Mundi' ist eine der ältesten Rosen: Sie stammt aus dem 16. Jahrhundert (unten).

Damit Rezepte mit Rosenblüten gut gelingen, muss man Sorten anpflanzen, die sich durch einen starken, süßen Duft auszeichnen. Die Auswahl geeigneter Rosen ist groß und umfasst fast alle alten Rosen mit ihren vollen Blüten und ihrem süßen Geruch, wie etwa die pink und weiß gestreifte 'Rosa Mundi', Moosrosen wie 'William Lobb' mit ihren magentaroten Blüten sowie Bourbon-Rosen wie die rosa 'Louise Odier' und die dunklere 'Mme Isaac Pereire', die beide vom Hochsommer bis zur Herbstmitte blühen. Die Kletterrose 'Cécile Brunner' hat außergewöhnliche urnenförmige hellrosa Knospen, die sich hervorragend im Ganzen überzuckern lassen. Andere Kletterrosen wie die dunkelrote 'Guinée' und die rosa 'Zéphirine Drouhin' sind ebenfalls empfehlenswert. Viele Englische Rosen des Züchters David Austin duften sehr intensiv, darunter die rosa 'Mary Rose', die apricotfarbene 'Evelyn', die dunkelviolette 'The Prince' und die leuchtend rosa gefärbte und herrlich duftende 'Gertrude Jekyll'. Die Blüten der kleinen 'Cambridgeshire' sind eine lebhafte Mischung aus Rot und Gelb und sehen hübsch aus, wenn man sie über eine Schüssel mit Erdbeeren streut. Dies sind nur einige beliebte Rosensorten, doch es gibt noch unzählige andere.

Im Garten

Alle auf der gegenüberliegenden Seite genannten Duftrosen können zusammen mit anderen Pflanzen wie Lavendel, Salbei und Ysop in einem Kräuterbeet wachsen. In einem Cottage-Garten harmonieren sie wunderbar mit Borretsch, Rosmarin und Nachtviole. Alle können aber auch in Töpfe oder Kübel gepflanzt werden.

Pflanzen Sie Kletter- und Strauchrosen in hohe Holzfässer, zusammen mit Oregano, Lavendel, Nelken oder Rosmarin. Nehmen Sie ein spezielles Substrat für Sträucher, Bäume und Rosen, damit eine ausreichende Versorgung mit Nährstoffen gewährleistet ist, und halten Sie die Pflanzerde stets feucht.

'Louise Odier' ist – wie alle anderen Rosen auch – ein Starkzehrer und sollte daher im zeitigen Frühjahr und dann noch einmal in der Sommermitte gedüngt werden; auch eine großzügige Mulchschicht tut ihr gut. Man sollte auch nicht vergessen, alle verwelkten Blüten abzuschneiden, da so das Blütenwachsum angeregt wird (links).

Schneiden Sie die Blüten an einem trockenen Morgen und verwenden Sie in der Küche nur ganz frische Blüten von intensiv duftenden Rosen (unten).

'Cambridgeshire' gehört zu der neuen 'County Series' von Rosen. Sie hat süß duftende Blüten, die vom Hochsommer bis in den Winter hinein erscheinen (unten).

In der Küche

Diese prachtvolle Torte ist mit einer Rosenblütenbuttercreme gefüllt und mit wunderschönen überzuckerten Rosen dekoriert.

Rosen werden von alters her für die verschiedensten süßen Rezepte verwendet. Rosenwasser, mit Rosen aromatisierter Honig, Rosenöl, Rosenbonbons, Rosenzucker, Rosenblütenmarmelade, Rosenblütengelee und Rosenbutter sind nur einige Beispiele.

Überzuckerte Rosenpetalen oder ganze Rosenblüten sind eine besonders exquisite Dekoration, die Torten, gefrorene Desserts oder leichte Fruchtcremes in etwas wahrhaft Spektakuläres verwandeln kann.

In der Küche

ROSENBLÜTENSORBET

MIT ÜBERZUCKERTEN ROSEN

Dieses Sorbet mit seinem herrlichen Rosenaroma ist ein feines Dessert für eine Sommermahlzeit. Wählen Sie die am stärksten duftenden Rosen, die Sie im Garten finden können. Schneiden Sie frische Blüten, die sich gerade erst geöffnet haben, und zwar am besten vormittags, bevor die ätherischen Öle durch die Hitze des Tages verflogen sind.

FÜR 4 BIS 6 PERSONEN
115 g Zucker (extrafein)
300 ml kochendes Wasser
Petalen von 3 großen, duftenden roten oder rosafarbenen Rosen, die weißen Ansätze an der Basis entfernt
Saft von 2 Zitronen
300 ml Rosé-Wein

Zum Garnieren
Ganze überzuckerte Rosen oder Rosenpetalen

1 Den Zucker in einer Schüssel mit dem kochenden Wasser übergießen. Rühren, bis er sich ganz aufgelöst hat Rosenpetalen hinzufügen und stehen lassen, bis alles völlig abgekühlt ist.

2 Die Mischung in der Küchenmaschine kräftig durchschlagen, dann durch ein Sieb gießen. Den Zitronensaft und den Wein unterrühren und die Flüssigkeit in eine Gefrierdose gießen (oben). Dann für einige Stunden in das Tiefkühlgerät stellen, bis die Mischung am Rand gefroren ist.

3 Die Sorbetmasse in eine Rührschüssel füllen und mit einem Schneebesen glatt rühren (oben). Wieder in das Tiefkühlgerät stellen, bis die Masse am Rand gefroren ist. Ein- oder zweimal wiederholen, bis das Sorbet glatt ist. In das Tiefkühlgerät stellen, bis es fest ist.

4 Mit überzuckerten Rosen oder Rosenpetalen garnieren (oben).

KÜCHENTIPP
Dieses Sorbet lässt sich auch in einer Eismaschine zubereiten. Das Gerät laufen lassen, bis das Sorbet fest ist und eine schöne Konsistenz hat.

Ist das Sorbet zu hart, stellt man es vor dem Servieren für 30 Minuten in den Kühlschrank, damit es etwas antaut.

Besonders attraktiv sieht es aus, wenn man das Sorbet in einer Rosen-Eisschale serviert (siehe Seite 38–39).

Lavendel

Lavendel, einen immergrünen Halbstrauch voller Duft und Aroma, kann man mit Rosen und vielen im Sommer blühenden Pflanzen kombinieren. Er lässt sich auch gut in Hängekörben, Töpfen und anderen Gefäßen ziehen.

Lavendel findet man im gesamten Mittelmeerraum und bis nach Südwestasien und Indien. Es gibt verschiedene Sorten, darunter den dunkelvioletten Lavendel 'Hidcote', der 60 cm hoch wird, und 'Jean Davis' mit der gleichen Höhe, aber rosaroten Blüten. Die zartrosa Sorte 'Loddon Pink' und die blauviolette 'Munstead' sind mit 45 cm Höhe etwas kompakter und deshalb sehr gut für Hängekörbe geeignet, während man für Töpfe und Kübel am besten die höheren Sorten wählt.

Lavendel ist eine beliebte Gartenpflanze, die am Rand von Wegen oder Beeten, aber auch zwischen Rosen und anderen Pflanzen in einem Bauerngarten wachsen kann. Er blüht im Hochsommer und oftmals noch einmal im Herbst.

Im Garten

- PFLANZEN
  - 1 buntblättrige Apfelminze *(Mentha suaveolens 'Variegata')*
  - 2 Lavendelminzepflanzen *(Mentha x piperita f. citrata)*
  - 1 Thymianpflanze *(Thymus 'Peter Davis')*
  - 2 buntblättrige Thymianpflanzen *(Thymus 'Doone Valley')*
  - 1 Zitronenthymian *(Thymus x citriodorus)*
  - 2 Petersilienpflanzen *(Petroselinum crispum)*
  - 2 Stiefmütterchen *(Viola 'Rebecca')*
  - 1 Stiefmütterchen *(Viola 'Molly Sanderson')*
  - 1 Stiefmütterchen *(Viola 'White Mrs Lancaster')*
  - 2 Gebirgsnelken *(Dianthus 'Whatfield Can-Can')*
  - 2 Gebirgsnelken *(Dianthus 'Betty Norton')*
  - 1 Lavendelpflanze *(Lavandula angustifolia 'Munstead')*

SOMMERLICHER HÄNGEKORB

Dieser prächtige sommerliche Hängekorb blüht über mehrere Monate – vom Frühsommer, wenn die Stiefmütterchen ihre Blüten zeigen, über den Mittsommer, wenn der Thymian und die Gebirgsnelken blühen, bis in den Herbst mit einer zweiten Lavendelblüte. Es ist eine zauberhafte Mischung aus Blüten in Rosatönen, Blau, Weiß und Schwarz, die sich von der buntblättrigen Minze und der krausen Petersilie abheben und eine wunderbare Duftkombination ergeben. All diese Pflanzen sind in zahlreichen verschiedenen Sorten erhältlich, so dass sich viele Variationsmöglichkeiten bieten. Bei der Auswahl der Pflanzen sollten Sie die Etiketten lesen und sich für Sorten mit besonders starkem Duft entscheiden. Setzen Sie die Minzepflanzen in jedem Fall nach unten in den Drahtkorb und den Lavendel nach oben. Die übrigen Pflanzen können Sie dann nach eigenem Gutdünken anordnen.

- MOOS
- SCHUTZFOLIE: Ein rundes Stück Kunststofffolie in der Größe des Korbbodens (aus einem Müllsack geschnitten).
- SUBSTRAT (PFLANZERDE) Ein Substrat auf Lehmbasis oder eine andere handelsübliche Pflanzerde. Dem Substrat ein Wasser speicherndes Tongranulat zusetzen.
- PFLANZGEFÄSS Ein Drahthängekorb von 35 cm Durchmesser.
- STANDORT Sonnig und geschützt.
- PFLANZZEIT Spätes Frühjahr.
- HAUPTBLÜTEZEIT Frühsommer bis Spätsommer.

1 Den Boden des Drahtkorbes und das untere Drittel der Korbseiten mit einer dicken Moosschicht auslegen. Mit der zugeschnittenen Folie abdecken und eine dünne Schicht Substrat darauf verteilen.

2 Als untere Reihe die Apfelminze an den vorderen Rand in die Mitte und die beiden anderen Minzepflanzen im Abstand von 10–12 cm links und rechts daneben setzen. Diese Anordnung ist darauf abgestimmt, dass der Korb vor einer Mauer hängt und im hinteren Bereich weniger Pflanzen erfordert.

PFLEGE
Das Substrat feucht halten. Die verwelkten Blüten entfernen, um das Blütenwachstum anzuregen. Zur Verwendung in der Küche nur ganz frische Blüten schneiden. Stiefmütterchen-, Thymian-, Lavendel- und Minzeblüten können jederzeit geschnitten werden. Den Korb nach der Blüte auf einen ausgedienten hohen Kaminaufsatz stellen (siehe Seite 104), bis Nelken, Minze und Lavendel erneut blühen.

3 Links und rechts neben die Apfelminze je ein Stiefmütterchen pflanzen (hier wurde die Sorte 'Rebecca' verwendet). Darauf achten, dass die Wurzeln gut in Substrat eingebettet sind.

4 Um jede Pflanze einen »Kragen« aus Moos legen und die Korbseiten etwa zwei Drittel hoch mit Moos auskleiden. Eine weitere, etwa 5 cm hohe Schicht Substrat einfüllen.

5 Als obere Reihe eine der einzelnen Thymianpflanzen über die Apfelminze in die Mitte setzen und zwei Gebirgsnelken, die beiden Petersilienpflanzen sowie die beiden bunten Thymianpflanzen links und rechts daneben platzieren. Wo genau die Pflanzen sitzen, ist nicht so wichtig – das Ganze soll harmonisch sein. Den Korb mit weiterem Moos auskleiden, so dass es 2–3 cm über den Rand reicht.

6 Nun oben den Lavendel in die hintere Mitte pflanzen. Im vorderen Bereich den restlichen Thymian in die Mitte pflanzen, mit den zwei verbliebenen Gebirgsnelken und den zwei einzelnen Stiefmütterchen zu beiden Seiten . Alle Zwischenräume mit Substrat füllen. Gut wässern und die Pflanzen andrücken. Wenn nötig, noch Substrat und Moos hinzufügen.

In der Küche

Lavendelblüten eignen sich für die verschiedensten süßen und pikanten Speisen. Da ihr Geschmack an Rosmarin erinnert, werden sie in vielen alten Rezepten ähnlich wie Rosmarinblüten verwendet. Beschrieben ist in alten Rezeptbüchern unter anderem die Herstellung von Lavendelwein, Lavendelwasser und Lavendeltee.

Um die kleinen blauen Lavendelblüten für Brot oder süße Brötchen wie Scones zu verwenden, werden sie mit Kelch von den Stielen gezupft.

Im 17. Jahrhundert konservierte man das Aroma der Blüten in Lavendelzucker. In *The Queen's Closet Opened* aus dem Jahr 1655 wird die Zubereitung wie folgt beschrieben: »Man nehme frische Blüten nach Belieben und verschlage sie mit ihrem dreifachen Gewicht an weißem Zucker, in gleicher Weise wie Rosmarinblüten; sie halten sich ein Jahr.« Heute kann man sich die Arbeit mit einer Küchenmaschine erleichtern. Der Zucker sollte eine Woche durchziehen, bevor man ihn siebt, um die Blüten zu entfernen.

In der Küche

GESCHMORTES HUHN MIT LAVENDEL

Bei diesem Rezept wird Hühnerfleisch mit Rotwein, Orange und Thymian geschmort. Lavendelblüten verleihen dem Gericht ein herrliches Aroma und einen wundervollen Duft, der die ganze Küche durchzieht, wenn man nach dem Garen den Deckel vom Topf nimmt.

FÜR 4 PERSONEN
15 ml (1 EL) Butter
15 ml (1 EL) Olivenöl
8 Hühnerteile
8 Schalotten
30 ml (2 EL) Mehl
225 ml Rotwein
225 ml Hühnerbrühe
Salz und frisch gemahlener schwarzer Pfeffer
4 Thymianzweige
10 ml (2 TL) Thymianblüten, von den Stengeln gezupft
10 ml (2 TL) Lavendelblüten
Abgeriebene Schale und Saft von 1 unbehandelten Orange

Zum Garnieren
1 Orange, filetiert
12 Stiele Lavendelblüten
20 ml (4 TL) abgezupfte Lavendelblüten

1 Die Butter und das Olivenöl in einer schweren Pfanne erhitzen. Das Hühnerfleisch hinzufügen und rundum anbraten. Dann in einen großen Schmortopf geben.

2 Die Schalotten 2 Minuten in der Pfanne sautieren, dann mit in den Schmortopf geben.

3 Das Mehl in die Pfanne rühren und 2 Minuten rösten. Rotwein und Hühnerbrühe dazugießen. Unter ständigem Rühren zum Kochen bringen und mit Salz und Pfeffer abschmecken.

4 Die Thymianzweige, die Thymian- und Lavendelblüten, die abgeriebene Schale und den Saft der Orange unterrühren.

5 Die Sauce über das Hühnerfleisch gießen. Den Deckel auflegen und alles 30–40 Minuten schmoren, bis das Fleisch weich ist. Die Thymianzweige herausnehmen.

6 Mit Orangenfilets, Lavendelstielen und -blüten garnieren und servieren.

LAVENDEL-APFEL-GELEE

ERGIBT 1,8 KG

1,8 kg Kochäpfel, gewaschen und in Stücke geschnitten

90 ml (6 EL) Lavendelblüten

1,7 l Wasser

Etwa 1,4 kg Zucker

KÜCHENTIPP

Da Lavendel im September, wenn auch die Äpfel reif werden, häufig noch einmal blüht, ist dies ein Rezept, das sich gut für den Herbst eignet.

Dieses duftende Gelee fängt den Sommer in ganz besonderer Weise ein. Es ist ebenso ansprechend wie vielseitig und kann zu Lammfleisch oder geräuchertem Huhn serviert, aber auch zu Croissants und süßen Brötchen gegessen werden.

1 Die Äpfel mit 75 ml (5 EL) Lavendelblüten und dem Wasser in einen Topf geben und köcheln lassen, bis sie weich und musig sind. Den Fruchtbrei in einen Saftbeutel gießen und einige Stunden in eine Schüssel abtropfen lassen.

2 Den abgetropften Saft abmessen und pro 600 ml Saft 450 g Zucker hinzufügen. Den Zucker und den Saft in einem großen, schweren Topf langsam zum Kochen bringen und kochen lassen, bis der Gelierpunkt erreicht ist. Um dies zu testen, 1 EL Gelee auf eine Untertasse geben und abkühlen lassen. Bildet sich eine »Falte«, wenn man mit dem Finger dagegen drückt, wird das Gelee fest.

3 Den Topf von der Kochstelle nehmen und das Gelee 20 Minuten abkühlen lassen. Schaum, der sich oben abgesetzt hat, mit einem Schaumlöffel abschöpfen.

4 Die restlichen Lavendelblüten unterrühren und das Gelee in kleine sterilisierte Gläser füllen (möglichst hübsche auswählen). Die Gläser mit Einmachhaut und Gummiringen verschließen.

Kapuzinerkresse

Mit ihren farbenfrohen und schmackhaften Blüten ist Kapuzinerkresse in Garten und Küche willkommen. Diese die Sonne liebenden einjährigen Blumen sind in Bolivien und Kolumbien heimisch. Es gibt sie in verschiedenen Farben, die von Rot und leuchtendem Orange bis zu blassem Gelb reichen. Die Blüten können ungefüllt, halbgefüllt oder gefüllt sein. Klimmende Arten werden bis zu 3 m lang und bilden Blütenteppiche an Zäunen, Spalieren oder anderen Kletterhilfen; andere Arten wachsen kriechend oder buschig. *Tropaeolum* 'Peach Melba' ist eine halbgefüllte Sorte mit cremegelben, in der Mitte orangeroten Blüten. Diese buschig wachsende Zwergform eignet sich besonders gut für Töpfe.

Die Kapuzinerkresse gehört zu den bekanntesten und beliebtesten essbaren Blüten.

Im Garten

Alle Arten von Kapuzinerkresse lassen sich sehr leicht aus Samen ziehen. Man kann sie entweder zwischen zeitigem Frühjahr und Frühlingsmitte im Haus aussäen und die Jungpflanzen dann, sobald keine Frostgefahr mehr besteht, ins Freie pflanzen, oder man sät sie im späten Frühjahr oder im Frühsommer an Ort und Stelle aus.

Kapuzinerkresse bevorzugt nährstoffarme Böden. Ist der Boden allzu nährstoffreich, bilden die Pflanzen vor allem Blätter und nur wenige Blüten aus. Blattläuse, die an den Triebspitzen und unter den Blättern sitzen, können ein Problem sein. Die betroffenen Teile entfernen oder die Pflanzen mit Schmierseifenbrühe spritzen. Im Halbschatten scheinen die Pflanzen weniger befallen zu werden als in der vollen Sonne.

Tropaeolum *'Gleam Series' sind schwach kriechende Hybriden in verschiedenen Farben, die hübsch in Gartenbeeten oder Pflanzgefäßen aussehen. Aus nur einem Samentütchen oder einem einzigen Topf mit Jungpflanzen lässt sich ein Blickfang im Garten oder auf der Terrasse schaffen.*

Ein Steinlöwe wird von leuchtend bunter Tropaeolum *'Gleam Series' umrahmt.*

GARTENTIPP
Wenn Sie als Pflanzgefäß ein Tonrohr nehmen, wie man es mancherorts als Kaminaufsatz verwendet, suchen Sie einen Plastiktopf, der genau in das Rohr passt. So muss man nur den Plastiktopf mit Substrat füllen. Einen zu kleinen Topf mit einem Stück Holz festklemmen.

Im Garten

DREI IN EINEM

- PFLANZEN
4 Sonnenblumen *(Helianthus annuus* 'Russian Giant' und 'Velvet Queen'*)*
6 Stangenbohnen, wie etwa Feuerbohnen *(Phaseolus coccineus* 'Scarlet Emperor'*)*
6 Pflanzen klimmende Kapuzinerkresse *(Tropaeolum majus)*
- DRAINAGE Topfscherben (Porzellan), Kies oder kleine Styroporstücke.
- SUBSTRAT (PFLANZERDE) Für Pflanzgefäße frisches Substrat. Geeignet ist ein Substrat auf Lehmbasis oder andere handelsübliche Pflanzerde. Da die Pflanzen reichlich Wasser brauchen, sollte man ein Wasser speicherndes Tongranulat unter das Substrat mischen.
- PFLANZGEFÄSS Eine Zinkwanne oder ein halbes Holzfass mit Drainagelöchern.
- KLETTERHILFE Zum Beispiel Bambusstäbe, Weidenruten.
- STANDORT Sonne oder Halbschatten.
- PFLANZZEIT Aussaat im zeitigen Frühjahr im Haus oder im späten Frühjahr im Freien.
- HAUPTBLÜTEZEIT Sommermitte bis Spätsommer.

GARTENTIPP
Ernten Sie die Bohnen, wenn sie noch recht klein sind – je öfter Sie ernten, desto höher der Ertrag. Die Pflanzen am Ende des Sommers wegwerfen. Von allen Pflanzen können Sie Samen für das folgende Jahr aufbewahren.

Nehmen Sie ein sehr großes Pflanzgefäß, wie eine alte Zinkwanne, und stellen Sie eine Kletterhilfe aus Weidenruten oder oben zusammengebundenen Bambusstäben hinein. Füllen Sie eine dicke Schicht Drainagematerial ein und säen Sie die Samen an Ort und Stelle – oder zunächst in einzelnen Töpfen – aus. Im Spätsommer wird ein essbares Meisterwerk entstanden sein.

1 Auf dem Boden des Pflanzgefäßes Drainagematerial verteilen. Das Pflanzgefäß bis 2–3 cm unter den Rand mit Substrat füllen.

2 Die Kletterhilfe in die Mitte des Pflanzgefäßes stecken. Stäbe oben zusammenbinden.

3 Die Samen in Zweiergruppen aussäen, so dass die Sonnenblumen und die Bohnen rund um die Kletterhilfe wachsen und die Kapuzinerkresse sich am Rand befindet.

PFLEGE
Das Substrat immer feucht halten. Wenn die Sämlinge erscheinen, jeweils das kräftigere der beiden Pflänzchen stehen lassen und das andere herausziehen. Die Kapuzinerkresse und die Stangenbohnen an der Kletterhilfe hochwachsen lassen. Ein Teil der Kapuzinerkresse kann über den Gefäßrand wuchern.

In der Küche

Kapuzinerkresse

Kapuzinerkresse sorgt für eine reiche Ernte, denn nicht nur die Blüten, sondern auch die Blätter, Knospen und halbreifen Samen sind essbar und schmecken hervorragend.

Die Blüten der Kapuzinerkresse zeichnen sich durch ihre intensiven Farben und einen pfeffrigen Geschmack aus, der in Salaten hervorragend zur Geltung kommt. Viele Blüten haben einen langen Sporn an der Basis, in dem sich ein Tropfen süßer Nektar befindet, der ihnen ein besonders gutes Aroma verleiht. Nehmen Sie nur ganz frische Blüten. Sie eignen sich ausgezeichnet zum Verfeinern von Omeletts, Frischkäse oder Salatsaucen. Zerstoßene Kapuzinerkressesamen kann man mit Öl, Essig, Salz und Pfeffer zu einer Vinaigrette verrühren und zum Beispiel einen Salat aus Kapuzinerkresseblüten und Roten Beten damit anmachen. Streuen Sie einige Salbeiblüten darüber, und Sie haben ein buntes, schmackhaftes, leichtes Abendessen.

Bevor Sie die Blüten abschneiden, sollten Sie sich vergewissern, dass keine Bienen zwischen den Blütenblättern sitzen. Sind die Blüten von kleinen Käfern bevölkert, die Blüten mit den Stielen abschneiden, ins Wasser stellen, eine Packpapiertüte darüber stülpen und das Ganze an einen dunklen Platz bringen (am besten nicht im Haus). Die Käfer lassen sich dann von den Blüten fallen und krabbeln weg.

In der Küche KAPUZINERKRESSE-OMELETT

Dies ist ein besonders schnelles und einfaches Rezept mit Kapuzinerkresse.

FÜR 1 PERSON

- 50 g zarte, junge grüne Bohnen
- 2 Eier
- 30 ml (2 EL) Milch
- 2 Kapuzinerkressesamen
- 2 junge Kapuzinerkresseblätter
- 4 Kapuzinerkresseblüten, nur die Blütenblätter
- Salz und frisch gemahlener schwarzer Pfeffer
- 15 ml (1 EL) Butter
- Frisch geriebener Parmesankäse (nach Geschmack)

Zum Garnieren

Petalen von Kapuzinerkresse

1 Die Bohnen schräg in schmale Stücke schneiden. In einem Topf Wasser zum Kochen bringen und die Bohnen 4 Minuten kochen. Abgießen und gut abtropfen lassen.

2 Die Eier mit der Milch verschlagen.

3 Die Kapuzinerkressesamen mit einer Gabel zerdrücken. Samen, Blätter und Petalen zur Eiermilch geben. Mit Salz und Pfeffer würzen.

4 In einer Pfanne die Butter bei schwacher Hitze zerlassen.

5 Die verschlagenen Eier mit der Kapuzinerkresse in die Pfanne geben, die Bohnen hinzufügen und das Omelett bei niedriger Temperatur erhitzen, bis es gerade fest ist. Nach Geschmack mit Parmesan bestreuen, mit einigen Kapuzinerkressepetalen garnieren und sofort servieren.

KÜCHENTIPP

Die Knospen und die halbreifen Samen von Kapuzinerkresse schmecken sehr pfeffrig, wenn man sie roh verzehrt. Gegart haben sie eine weniger pikante Note.

Fenchel

Fenchel eignet sich für viele Standorte und gedeiht auch an ungeschützten Stellen gut. Das vielseitige Kraut bildet einen schönen Hintergrund für farbenfrohe Pflanzungen. Man kann Fenchel in Töpfen oder Kübeln ziehen oder ihn im Kräutergarten, zwischen Rosen, in Staudenbeeten oder zusammen mit Gräsern und Sonnenblumen in einem Kiesgarten wachsen lassen. Insekten lieben den Nektar der Blüten, die im Spätsommer erscheinen. Fenchel vermehrt sich stark durch Selbstaussaat, so dass man die vielen Samenstände abschneiden sollte, wenn man im Folgejahr nicht eine große Menge Sämlinge im Garten haben möchte.

Fenchel ist eine anmutige Pflanze mit grünem oder bronzefarbenem Laub und Dolden aus zahlreichen kleinen gelben Blüten.

Im Garten

Fenchel, ein winterhartes, mehrjähriges Kraut aus Südeuropa, wächst an trockenen, sonnigen Standorten und kann bis zu 1,8 m hoch werden. Er hat grüne oder auch bronzefarbene nadelähnliche Blättchen, glänzende, glatte Stengel und Blütendolden mit winzigen gelben Blüten, die vom Hochsommer bis zum Spätsommer erscheinen. Er lässt sich problemlos aus Samen ziehen, die im Frühjahr ausgesät werden. Zur Vermehrung kann man auch die Wurzeln teilen, was wegen der langen Pfahlwurzeln jedoch nicht immer erfolgreich ist. Fenchel sät sich bereitwillig selbst aus, und die jungen Pflänzchen können problemlos ausgegraben und an einen geeigneten Standort umgepflanzt werden.

In der Küche

Die gesamte Pflanze ist essbar, und all ihre Teile haben einen süßen Anisgeschmack. Schon römische Soldaten aßen Fenchel zur Stärkung ihrer Gesundheit, während ihn die römischen Frauen als Appetitzügler verwendeten. Fenchel wurde früher ähnlich wie Spargel zubereitet: man band die jungen Stengel zu Bündeln zusammen, kochte sie und servierte sie mit Butter und Essig.

FENCHELSORBET

FÜR 4 PERSONEN

150 g frische Fenchelblätter und -stengel
40 g Zucker (extrafein)
Salz und frisch gemahlener schwarzer Pfeffer
Saft von 1 Zitrone
15 ml (1 EL) frische Fenchelblüten, die Stiele entfernt

Zum Garnieren

4 kleine Fenchelzweige
Etwa 8 ml (1/2 EL) Fenchelblüten, die Stiele entfernt

Mit Fenchelblättern, -blüten und -stengeln lässt sich ein ungewöhnliches Sorbet zubereiten, das man als eine erfrischende Vorspeise servieren kann. Da es wenig Zucker enthält, ist es körniger als herkömmliche Sorbets. Den Gefriervorgang sollte man nicht länger als 3 Stunden vor dem Servieren beginnen, da das Sorbet sonst zu fest wird.

1 Die Fenchelblätter und -stengel waschen, abtropfen lassen und fein hacken. 600 ml Wasser mit dem Zucker sowie einer Prise Salz und Pfeffer zum Kochen bringen.

2 Den gehackten Fenchel dazugeben und 3 Minuten kräftig kochen lassen. Den Topf von der Kochstelle nehmen und das Ganze noch 5 Minuten ziehen lassen – nicht länger, da die Färbung sonst nachlässt.

3 Zum Abkühlen auf Eis stellen, dann pürieren. Die Flüssigkeit durch ein Sieb gießen und mit Salz, Pfeffer und Zitronensaft abschmecken. 1 EL der Fenchelblüten hinzufügen.

4 Die Flüssigkeit in eine Gefrierdose gießen und ins Tiefkühlgerät stellen, bis sie am Rand gerade fest ist. In eine Schüssel geben und gut schlagen, wieder in die Gefrierdose füllen und ins Tiefkühlgerät stellen, bis das Sorbet fest ist. Das Sorbet kann auch in einer Eismaschine hergestellt werden.

5 Das Sorbet in vier vorgekühlten Gläsern anrichten, je mit einem Fenchelzweig und einigen Fenchelblüten garnieren und sofort servieren.

In der Küche

FENCHELBAGELS MIT RÄUCHERLACHS

Fenchelblätter, -stengel und -blüten sind eine hübsche Garnierung für gegarten frischen Lachs; bei diesem Rezept wird Fenchel zusammen mit Räucherlachs verwendet, was fast noch köstlicher schmeckt. Der geschmeidige Frischkäseaufstrich harmoniert ausgezeichnet mit dem Räucherlachs und dem Anisaroma der Fenchelblüten.

FÜR 1 PERSON
1 Bagel
25 g Frischkäse
6–8 kleine Fenchelblütenköpfe, Stiele entfernt
1 Scheibe Räucherlachs
Einige Tropfen Zitronensaft
Salz und frisch gemahlener schwarzer Pfeffer

1 Das Bagel waagerecht halbieren und beide Hälften großzügig mit Frischkäse bestreichen. Dann 2 oder 3 Fenchelblütenköpfe darauf verteilen.

2 Die untere Hälfte mit dem Räucherlachs belegen, etwas Zitronensaft darüber träufeln und mit Salz und Pfeffer würzen.

3 Die obere Bagelhälfte darauflegen, mit einigen Blütenköpfen garnieren und servieren.

KÜCHENTIPP

Statt das Bagel zusammenzuklappen, kann man die Hälften servieren. Fenchelblättchen geben zusätzlich Geschmack und Farbe. Da sie rasch welk werden, sollte man sie sehr klein schneiden.

Stockrosen

Die schöne Farbskala der Stockrosenblüten erfreut das Auge in der Küche wie im Garten.

Stockrosen sind in gemäßigten Klimaregionen Europas und Westasiens heimisch, wo sie gewöhnlich auf steinigen Böden und trockenem Grasland wachsen. Sie erreichen im Garten eine Höhe von 1,5 m bis 2,5 m und bringen den ganzen Sommer über anmutige, große Blüten mit zarten Petalen hervor. Die Blüten können ungefüllt oder gefüllt sein, und es gibt sie in einer breiten Palette von Farben, die von Weiß, Creme und Blassgelb über Rosa bis Hell- oder Dunkelviolett und Braunrot reichen.

Stockrosenblüten mit ihren röhrenförmig verwachsenen, sehr pollenreichen Staubgefäßen sind an warmen Sommertagen ein beliebtes Ziel von Bienen und anderen Insekten.

Im Garten

Pflanzen Sie Stockrosen nach hinten in ein Gartenbeet, wo sie für Höhe und Eleganz sorgen, oder setzen Sie sie vor eine Kletterrose, so dass man zwischen ihren hohen Blütenstengeln die dahinter wachsenden Rosen sieht. In einem Bauerngarten können Stockrosen fast überall stehen, im vorderen oder hinteren Bereich von Beeten oder auch neben einem Weg, einem Gartentor oder einer Treppe. Überall sehen sie hübsch aus, und die Bienen finden sie mit Sicherheit.

Stockrosen vermehren sich bereitwillig durch Selbstaussaat und siedeln sich an den erstaunlichsten Stellen an. Schon nach kurzer Zeit findet man sie in verschiedenen Farben. Moderne Hybriden kann man im Frühjahr aussäen; sie blühen dann im Sommer desselben Jahres. Die meisten anderen Sämlinge blühen dagegen erst im zweiten Jahr.

Die Blätter der Stockrosen werden leider häufig von Rost befallen, der unansehnliche Verformungen verursacht. Entfernen Sie alle betroffenen Blätter. Die Blüten sehen trotzdem wunderschön aus, doch empfiehlt es sich, die kranken Pflanzen am Ende des Sommers wegzuwerfen.

Am besten gedeihen Stockrosen an sonnigen, geschützten Standorten. Dort werden sie so hoch, dass man sie abstützen muss, damit sie bei starkem Wind nicht umfallen und abknicken. Versehen Sie jeden Blütenstand mit einer Stütze oder binden Sie die Stengel mit Schnur zusammen. Buschige Zwergformen, wie 'Majorette', erreichen nur eine Höhe von ungefähr 1 m und werden nicht so leicht umgeweht (links).

HINWEIS

Stockrosenblüten haben viel Pollen, der bei Allergikern zu Problemen führen kann. Um die Blüten in der Küche zu verwenden, die Blütenmitte entfernen, den grünen Kelch wegschneiden und alle an den Blütenblättern haftenden Pollenkörner mit einem Pinsel abstreifen.

In der Küche

Bei der Vorbereitung von Stockrosenpetalen die Blütenmitte mit Stigma und Staubblättern entfernen. Alle grünen Teile wegschneiden. Noch an den Blütenblättern haftende Pollenkörner beseitigen; dies geschieht am besten mit einem Pinsel.

Stockrosen gehören zur Familie der Malven, die im Mittelalter zu den verbreitetsten Küchen- und Salatpflanzen zählten. Auch schon bei den Römern, Ägyptern und Chinesen war der Anbau von Malven üblich. Für medizinische und kulinarische Zwecke galt der Echte Eibisch als besonders wichtig. Eibisch wurde für Sirup und Pickles verwendet, und im zeitigen Frühjahr konservierte man die zarten Eibischstengel in Zucker. Die Blüten nahm man zusammen mit anderen Ingredienzen für Gurgelmittel.

Stockrosenblüten lassen sich in gleicher Weise verwenden. Sie haben zwar kein kräftiges Aroma, doch eine sehr angenehme Textur, und ihre Schönheit steht außer Frage. Es gibt sie in so vielen verschiedenen Farben, dass sich zahlreiche Kombinationsmöglichkeiten von frischen Früchten und Stockrosenblüten anbieten.

In der Küche

STOCKROSEN-NEKTARINEN-SALAT

Die saftigen, schön gefärbten Nektarinen bieten sich geradezu für ein Rezept mit Stockrosenblüten an. Wählen Sie Stockrosen in der gleichen Farbe wie die Nektarinen oder in einem kontrastierenden Farbton. Wassermelone ist ein ebenso farbenfroher Partner.

FÜR 2 PERSONEN

- 2 Nektarinen (mit weißem oder gelbem Fruchtfleisch)
- 2 Stockrosenblüten
- 2 Stengel blühende Edelminze

1 Die Nektarinen halbieren, den Stein entfernen und die Früchte in Spalten schneiden. Die Nektarinen auf Portionstellern anrichten.

2 Die Blütenmitte der Stockrosen entfernen und anschließend alle grünen Teile wegschneiden. Pollenkörner, die noch an den Blütenblättern haften, mit einem Pinsel entfernen.

3 Die Stockrosenpetalen zwischen die Nektarinen legen; mit den Minzeblüten garnieren.

KÜCHENTIPP

Man kann einen Obstsalat zusätzlich mit einem Minzeblütensirup übergießen. Zur Zubereitung des Sirups 450 g extrafeinen Zucker in 300 ml Wasser auflösen, dann 6 Stengel Minzeblüten hinzufügen und das Zuckerwasser zu einem Sirup einkochen. Abkühlen lassen und durch ein Sieb gießen. Sofort verwenden oder in eine Flasche abfüllen. Der Sirup hält sich im Kühlschrank bis zu 2 Wochen.

Schinkenkraut

Schinkenkraut, das zur Gattung der Nachtkerzen gehört, hat ein sehr ungewöhnliches Blühverhalten. Die Blüten öffnen sich nur am Abend und erfüllen die Luft mit ihrem süßen Duft. Sie bleiben dann die Nacht über geöffnet und schließen sich am späten Vormittag wieder. Die einzelnen Blüten verwelken zwar schnell, doch bringen die Pflanzen über einen langen Zeitraum immer wieder neue Blüten hervor, so dass sie in großer Zahl geschnitten und in der Küche verwendet werden können.

Die Samen werden zur Herstellung von Nachtkerzenöl verwendet, das bei prämenstruellen, Wechseljahrs- und zahlreichen anderen Beschwerden hilft.

Die gelben Blüten des Schinkenkrauts gehören zweifellos zu den großen Gartenfreuden des Spätsommers.

Im Garten

Das auch als Rapontikawurzel bekannte Schinkenkraut ist im Osten Nordamerikas heimisch und liebt viel Sonne und einen trockenen, steinigen Boden. Die Pflanze wird 1 m bis 1,5 m hoch und hat einen Durchmesser von wenigstens 60 cm – oftmals erheblich mehr, wenn sie nicht aufrecht wächst. Wegen ihrer Höhe pflanzt man sie am besten an eine Stelle, wo sie genügend Platz hat, ihre Blüten gut zur Geltung kommen und man sich an deren Duft erfreuen kann. Ideal ist eine sonnige, geschützte Hausecke.

Schinkenkraut lässt sich leicht aus Samen ziehen, die im Herbst an Ort und Stelle oder im Frühsommer in Töpfe ausgesät werden. Die Pflanzen vermehren sich in großer Zahl durch Selbstaussaat. Im ersten Jahr erscheint allerdings nur eine Rosette aus spitz zulaufenden schlanken Blättern. Im zweiten Sommer kann man sich dann schon an einer großen, blühenden Pflanze erfreuen.

Schinkenkraut beginnt Mitte des Sommers zu blühen und bildet dann bis in den Herbst hinein immer wieder neue Blüten aus.

GARTENTIPP

Wenn sich zu viele Pflanzen im Garten ausgesät haben, kann man einige davon ausgraben und die Wurzeln kochen, die wie süße Pastinaken schmecken. Bei einigen Indianerstämmen in Amerika waren die Blätter und Stengel ein Nahrungsmittel.

In der Küche

Die Blütenblätter des Schinkenkrauts sind eine hübsche, einfache Garnierung für viele Früchte, wie alle Arten von Melonen.

Schinkenkrautblüten haben eine lange Röhre und vier Blütenblätter. Man kann sowohl die Knospen als auch die Blüten essen. Ihr Geschmack ist frisch, mit einem Hauch von Süße, der ihrem Duft ähnelt. Sie lassen sich für jeden Spätsommersalat verwenden, sei es ein grüner Salat oder ein Salat mit Früchten. Sehr dekorativ sehen die blassgelben Petalen zu Früchten aus, die ebenfalls eine zarte Farbe haben. Auch die Blätter, die jungen Stengel und die Wurzeln sind essbar.

In der Küche

GEMISCHTER SALAT MIT SCHINKENKRAUTPETALEN

Die zartgelben Blütenblätter des Schinkenkrauts sind eine wundervolle Ergänzung zu diesem leichten, knackigen Salat, der allein schon durch sein Aussehen besticht. Anstelle des Hüttenkäses kann man auch 60 ml (4 EL) Crème fraîche, Joghurt oder Mayonnaise verwenden. Und auch luftgetrockneter Schinken passt ausgezeichnet zu den übrigen Zutaten. Für ein Buffet mit Fingerfood lässt sich dieses Rezept einfach abwandeln, indem man Chicorée verwendet; die Sprosse werden ausgehöhlt und mit der Hüttenkäsemischung gefüllt.

FÜR 4 BIS 6 PERSONEN

- 2 rote Dessertäpfel
- Saft von 1/2 Zitrone
- 250 g Hüttenkäse
- 50 g Sonnenblumenkerne
- 4 Scheiben Ananas, halbiert
- 4 Köpfe Mini-Romanasalat (Little Gem), geputzt
- 6 Schinkenkrautknospen
- 10 Schinkenkrautblüten, nur die Petalen

1 Die Äpfel in Scheiben schneiden und in einer Schüssel mit dem Zitronensaft übergießen.

2 Den Hüttenkäse mit den Sonnenblumenkernen verrühren. Den Käse in der Mitte einer großen Servierplatte anrichten und einen Kreis aus Apfelscheiben darauf setzen.

3 Die Ananashälften um den Hüttenkäse arrangieren. Die Blätter des Romanasalats zwischen die Ananasstücke legen.

4 Alle grünen Teile von den Schinkenkrautblüten und -knospen entfernen. Den Salat mit den Knospen und Blütenblättern bestreuen und servieren.

KÜCHENTIPP

Da sich Schinkenkrautblüten erst in der Abenddämmerung öffnen und um die Mittagszeit des folgenden Tages wieder schließen, kann man sie nur für ein spätes Abendessen oder am Mittag verwenden. Die Knospen stehen dagegen zu jeder Tageszeit zur Verfügung. Schneidet man die Blütenstände als Küchenzutat ab, muss man die Vase ans sonnige Fenster stellen, da sich die Blüten sonst schon bald schließen.

Zucchini

Wer Zucchini im Garten anbauen möchte, kann zwischen einer ganzen Reihe von Sorten wählen. Die hier gezeigte Sorte ist 'Burpee Golden Zucchini', die saftige gelbe Früchte hat und zudem einen sehr guten Ertrag bringt. Mitunter weisen die Blätter der jungen Pflanzen gelbe Flecken auf, was jedoch kein Anlass zur Sorge ist. Zusammen mit anderem Laub können derart gefleckte Blätter im Garten sogar dekorativ aussehen.

In Frankreich und Italien werden Zucchiniblüten häufig auf Gemüsemärkten verkauft. Da dies in anderen Ländern jedoch weniger üblich ist, kultiviert man die Zucchini am besten selbst im Garten.

'Burpee Golden Zucchini' bringt goldgelbe Blüten in großer Zahl hervor. Um das Blütenwachstum zu fördern, sollte man sie regelmäßig abschneiden.

Im Garten

Es gibt zwei Möglichkeiten zur Aussaat von Zucchini. Für eine frühe Ernte werden die Samen im Frühjahr im Haus ausgesät. Die jungen Pflanzen dann zum Abhärten tagsüber nach draußen stellen und sie im späten Frühjahr oder im Frühsommer, wenn keine Frostgefahr mehr besteht, im Abstand von 1 m an einen sonnigen Platz im Garten pflanzen. Eine andere Möglichkeit ist, jeweils zwei Samen gut 2 cm tief an Ort und Stelle im Garten auszusäen. Sind die Samen aufgegangen, lässt man nur die kräftigsten Pflänzchen stehen und deckt sie bei Frostgefahr ab. Fünf bis acht Pflanzen ergeben eine gute Blütenernte. Zucchini wachsen auch gut in mittleren bis großen Pflanzgefäßen.

Die Erde immer feucht halten und die Pflanzen, sobald sie zu blühen beginnen, einmal pro Woche mit Flüssigdünger düngen. Zur Verwendung in der Küche die Blüten abschneiden (am besten nur die männlichen) und die jungen Zucchinifrüchte regelmäßig ernten, wenn sie etwa 10 cm bis 15 cm lang sind, damit die Fruchtbildung angeregt wird.

Zucchinipflanzen haben männliche und weibliche Blüten. Beide sind essbar, doch wenn man die weiblichen abschneidet, bilden sich keine Früchte mehr. Es empfiehlt sich daher, möglichst nur die männlichen Blüten zu verwenden, die leicht zu erkennen sind. Bei den weiblichen Blüten sitzt hinter den Blütenblättern bereits eine kleine Zucchinifrucht, während die männlichen Blüten lediglich einen Stiel haben. Im Inneren der Blüte ist der weibliche Fruchtknoten stark angeschwollen.

GARTENTIPP

Beim Pflücken der Zucchiniblüten stets auf Bienen achten. In den gelben Blüten sitzen zumeist auch kleine Käfer. Um sie zu entfernen, die Blüten an einen dunklen Platz (am besten nicht im Haus) stellen; die Käfer krabbeln dann auf der Suche nach Licht aus den Blüten heraus. Eine andere Möglichkeit besteht darin, die Käfer mit einem Pinsel von den Blüten zu entfernen oder die Blüten vor der Verwendung in Wasser zu tauchen.

In der Küche

Zucchinipflanzen liefern eine zweifache Ernte für die Küche: die Blüten und die Früchte.

Zucchiniblüten können für warme und kalte Speisen verwendet werden. Sie haben ein feines, mildes Aroma, das mit vielen Rezepten harmoniert. In den Mittelmeerländern werden sie oft mit Reis- oder Käsefüllungen zubereitet, oder man taucht sie in Ausbackteig und frittiert sie. Ihre kulinarische Geschichte geht weit zurück; die Indianer Nordamerikas aßen Squashblüten, lange bevor die Spanier ins Land kamen und die Pflanzen dort kennen lernten.

In der Küche

TAGLIATELLE MIT ZUCCHINIBLÜTEN

Bei diesem Rezept werden keine ganzen Zucchiniblüten, sondern zerkleinerte Blütenblätter verwendet. Ihre seidenartige Beschaffenheit passt ausgezeichnet zu den Tagliatelle, während der Schinken und der Schnittlauch für einen geschmacklichen Kontrast sorgen. Zusammen mit den Blüten bilden sich häufig auch viele kleine Zucchinifrüchte an den Pflanzen. Ihr süßes Aroma kommt bei diesem delikaten Pastagericht besonders gut zur Geltung.

FÜR 4 PERSONEN

- 18 Zucchiniblüten
- 50 g Butter
- 1/2 Zwiebel, gehackt
- 125 g Parmaschinken oder ungeräucherter Frühstücksspeck, in Würfel geschnitten
- 4 junge kleine Zucchini, in dünne Scheiben geschnitten
- 15 ml (1 EL) gehackter Schnittlauch
- Salz und frisch gemahlener schwarzer Pfeffer
- 350 g getrocknete Frischei-Tagliatelle
- 125 g frisch geriebener Parmesankäse

1 Die Zucchiniblüten mit einem scharfen Messer an einer Seite der Länge nach aufschneiden. Die Stiele und die Staubgefäße entfernen und wegwerfen. Die Blütenblätter sorgfältig abwischen und in Streifen schneiden.

2 In einer großen Pfanne die Butter erhitzen. Die Zwiebelstücke und die Schinkenwürfel bei niedriger Temperatur ungefähr 5 Minuten braten.

3 Die Zucchinischeiben und den Schnittlauch hinzufügen und alles 2 Minuten garen. Mit Salz und Pfeffer würzen und die Temperatur so weit herunterschalten, dass die Zutaten gerade warm bleiben.

4 Die Tagliatelle in reichlich kochendem Wasser garen, bis sie al dente sind. Abgießen und abtropfen lassen.

5 Die Zucchiniblüten in die Pfanne geben, kurz mit erhitzen und dann die Tagliatelle unterheben. Den Parmesankäse hinzufügen und sofort servieren.

Indianernessel

Die Blüten der Indianernessel haben nicht nur viel Aroma, sondern sind auch eine Augenweide.

Die Indianernessel ist eine winterharte Staude aus dem Osten Nordamerikas, die 1744 von Peter Collinson in England eingeführt wurde. Sie kann in großen Horsten in Staudenbeeten oder in kleineren Gruppen im Kräutergarten wachsen. Ebenso hübsch sieht sie in Bauerngärten und in großen Pflanzgefäßen aus.

Die Art *Monarda didyma* hat rosafarbene oder scharlachrote Blüten. Einige Sorten sind besonders schön gefärbt, wie etwa 'Cambridge Scarlet' mit tiefroten Blüten, 'Beauty of Cobham' mit blass violettrosa Blüten und 'Croftway Pink' mit rosaroten Blüten. *Monarda fistula,* eine weitere Monardenart, ist etwas höher; sie wird ungefähr 1,2 m hoch. Sie hat rosa oder malvenfarbene Blüten, die sich durch ein sehr intensives Aroma auszeichnen.

Im Garten

KRÄUTERTEE-FASS

Diese Pflanzenzusammenstellung verströmt einen Minze- und Zitronenduft. Die Blätter sämtlicher Pflanzen können für Tees verwendet werden, doch der eigentliche »Star« ist die Indianernessel. Ihre großen leuchtend roten Blüten haben einen herrlich süßen Geschmack.

- PFLANZEN
  - 1 Indianernessel *(Monarda 'Cambridge Scarlet')*
  - 1 goldblättrige Zitronenmelisse *(Melissa officinalis 'Aurea')*
  - 1 Pfefferminze *(Mentha x piperita)*
  - 1 Lavendelminze *(Mentha x piperita f. citrata)*
- PFLANZENSTÜTZEN Pflanzringe, Stöcke, Bambusstäbe.
- DRAINAGE Topfscherben (Porzellan), Kies oder kleine Styroporstücke.
- SUBSTRAT (PFLANZERDE) Für Pflanzgefäße frisches Substrat verwenden. Geeignet ist ein Substrat auf Lehmbasis oder eine andere handelsübliche Pflanzerde. Da das Pflanzgefäß dicht bepflanzt ist und deshalb viel Wasser braucht, empfiehlt es sich, ein Wasser speicherndes Tongranulat unter das Substrat zu mischen.
- PFLANZGEFÄSS Ein großes halbes Holzfass mit Drainagelöchern.
- STANDORT Sonne oder lichter Schatten.
- PFLANZZEIT Frühjahr.
- HAUPTBLÜTEZEIT Sommermitte bis Spätsommer.

1 Auf dem Boden des Holzfasses eine dicke Schicht Drainagematerial verteilen. Dann bis 2–3 cm unter den Rand Substrat einfüllen.

2 Die Indianernessel im hinteren Bereich in die Mitte pflanzen. Die Zitronenmelisse nach vorne in die Mitte und die beiden Minzepflanzen rechts und links daneben setzen.

3 Gut wässern und das Substrat rund um die Pflanzen andrücken.

PFLEGE
Das Substrat immer ausreichend feucht halten. Die Indianernessel abstützen, sobald sie ungefähr 60 cm hoch ist, und mit Bindebast oder Gartenschnur anbinden. Im Spätherbst dann alle Pflanzen auf 10 cm Höhe zurückschneiden. Im Frühling eine dünne Schicht frisches Substrat aufbringen und die Pflanzen düngen.

In der Küche

Die langen, schmalen Blütenblätter der Indianernessel lassen sich leicht von den Blütenköpfen abziehen. Ihre weißen Enden schmecken besonders süß.

Tee aus Indianernesseln war ein beliebtes Getränk bei den nordamerikanischen Indianern des Ontariosees, und nach der Boston Tea Party von 1773 lernten ihn die englischen Kolonisten Neuenglands als Ersatz für schwarzen Tee zu schätzen. Die Blüten und Blätter können für sich alleine zur Zubereitung eines belebenden Tees oder zum Aromatisieren von Earl-Grey-Tee verwendet werden. Man kann die schönen, süßen Blüten über Salate streuen oder Pasta- und Reisgerichte damit verfeinern. Um sie auch außerhalb der Saison genießen zu können, legt man sie in Öl oder Essig ein.

In der Küche

WILDREIS MIT INDIANERNESSELN

Die roten Indianernesselpetalen heben sich wirkungsvoll von den glänzenden schwarzen Oliven, den saftigen Pilzen und dem Wildreis ab. Der Reis passt zu Makrele oder anderem Fisch.

FÜR 4 BIS 6 PERSONEN
- 250 g Wildreis (oder Reis mit Wildreis gemischt)
- 125 g große Champignons, in dicke Scheiben geschnitten
- 30 ml (2 EL) Olivenöl
- 4 junge Indianernesselblätter, in feine Streifen geschnitten
- 125 g schwarze Oliven
- Salz und frisch gemahlener schwarzer Pfeffer
- 15–30 ml (1–2 EL) rosafarbene oder rote Indianernesselpetalen

1 Den Reis 25–30 Minuten in kochendem Wasser garen, bis er weich ist. Abgießen und abtropfen lassen.

2 In einer Pfanne die Pilze ungefähr 4 Minuten im Olivenöl sautieren.

3 Die Indianernesselblätter und die Oliven unterrühren. Mit Salz und Pfeffer würzen.

4 Den abgetropften Wildreis mit in die Pfanne geben und alles gründlich durchheben. Die Blütenblätter untermischen. Sofort in eine Servierschüssel oder auf die Teller geben und servieren.

Sonnenblumen

Hohe Sonnenblumen sollte man abstützen, da sie sonst leicht vom Wind umgeweht werden.

Sonnenblumen stammen aus Nordamerika. Diese hohen einjährigen Pflanzen lieben einen sonnigen, geschützten Standort und können im Garten oder in großen Pflanzgefäßen wachsen. Bestimmte Hybridformen, wie 'Russian Giant', werden mitunter 4,5 m hoch. Auch niedrige Sorten sind überall erhältlich, wie 'Pacino' mit 30 cm und 'Sunspot' mit 60 cm Höhe. Sie eignen sich gut für Blumenkästen oder Töpfe. Sonnenblumen gibt es nicht nur in leuchtendem Gelb, sondern auch in anderen Farben. Die Blüten von 'Velvet Queen' sind rötlich braun und haben bronzefarbene Spitzen, die Sorte 'Lemon Queen' zeigt ein sehr helles Gelb.

Sonnenblumen lassen sich leicht aus Samen ziehen. Sie können im Haus vom zeitigen Frühjahr bis zur Frühlingsmitte gut 1 cm tief ausgesät werden, oder man sät sie im späten Frühjahr gut 2 cm tief an Ort und Stelle im Freien aus. Je früher die Aussaat, desto früher die Blüte.

Im Garten BUNTE SOMMERPRACHT IM BLUMENKASTEN

Anstelle eines großen Blumenkastens kann man für dieses Arrangement selbstverständlich auch ein anderes großes Pflanzgefäß nehmen.

- PFLANZEN
  12 Sonnenblumensamen *(Helianthus annuus 'Sunspot')*
  12 Kapuzinerkressesamen *(Tropaeolum majus 'Double Gleam Mixed')*
- DRAINAGE Topfscherben (Porzellan), Kies oder kleine Styroporstücke.
- SUBSTRAT (PFLANZERDE) Für Pflanzgefäße frisches Substrat verwenden. Geeignet ist ein Substrat auf Lehmbasis oder eine andere handelsübliche Pflanzerde. Da die Pflanzen einen großen Wasserbedarf haben, sollte man ein Wasser speicherndes Tongranulat unter das Substrat mischen.
- PFLANZGEFÄSS Ein großer Blumenkasten von 80 cm Länge, 20 cm Breite und 18 cm Höhe.
- STANDORT Sonnig.
- PFLANZZEIT Aussaat im zeitigen Frühjahr im Haus oder im späten Frühjahr im Freien.
- HAUPTBLÜTEZEIT Sommermitte bis Spätsommer.

1 Auf dem Boden des Pflanzgefäßes 2–3 cm hoch Drainagematerial verteilen. Substrat bis 2–3 cm unter den Rand in das Pflanzgefäß füllen. Dann das Substrat gut wässern.

2 Im hinteren Bereich sechsmal jeweils 2 Sonnenblumensamen und vorne sechsmal jeweils 2 Kapuzinerkressesamen säen, so dass sie 1–2 cm mit Erde bedeckt sind. Nach dem Keimen jeweils das schwächere der beiden Pflänzchen herausziehen.

In der Küche

Sonnenblumen der Sorte 'Velvet Queen' bringen eine Fülle von kleinen Blüten über einen sehr langen Zeitraum hervor.

Sonnenblumenpetalen eignen sich ausgezeichnet als Zutat für Salate. Sie haben einen milden, nussigen Geschmack und geben Broten und Pastagerichten Farbe und Aroma. Auch die Knospen sind essbar, doch muss man sie blanchieren, da sie sonst bitter schmecken. Nach dem Blanchieren werden sie abgegossen und drei Minuten gedämpft oder gekocht. Man kann sie zum Beispiel mit Knoblauchbutter würzen. Sonnenblumenkerne sind reich an Vitamin B1 und B2, Niacin, Eisen, Phosphor, pflanzlichen Fetten und Eiweiß.

In der Küche

SONNENBLUMENBROT

Es gibt viele Brot- und Brötchenrezepte mit Sonnenblumenkernen. Hier kommen auch Blütenblätter in den Teig. Eine schöne Farbe bekommt der Teig, wenn man einige Fäden Safran dazugibt.

ERGIBT EIN BROT VON 500 g

- 1/2 Tütchen Safranfäden (nach Belieben)
- 50 g Sonnenblumenkerne
- 280 g Backmischung für Weißbrot
- 15 ml (1 EL) Senfkörner oder Zwiebelsamen
- 5 ml (1 TL) Currypulver
- 1 Sonnenblume, nur die Petalen
- Salz und frisch gemahlener schwarzer Pfeffer
- Milch (zum Bestreichen)

1 Sofern verwendet, die Safranfäden in einer kleinen Schüssel mit 30 ml (2 EL) kochendem Wasser übergießen und 5 Minuten stehen lassen. Die Sonnenblumenkerne in einer Pfanne 3–4 Minuten rösten, bis sie Farbe annehmen. Abkühlen lassen.

2 Die Brotbackmischung in eine Schüssel geben und den Safran mit der Flüssigkeit hinzufügen. Von den Sonnenblumenkernen 2 EL zurückstellen, den Rest zusammen mit den Senfkörnern oder Zwiebelsamen, dem Curry und etwas Salz und Pfeffer in die Schüssel geben. Die abgezupften Blütenblätter der Sonnenblume ebenfalls hinzufügen. 175 ml lauwarmes Wasser dazugießen und alles zu einem Teig verarbeiten. Den Teig auf der bemehlten Arbeitsfläche 5 Minuten kneten.

3 Eine 500-g-Kastenform dünn mit Öl einfetten. Den Brotteig hineingeben und mit eingeölter Klarsichtfolie abdecken. An einem warmen Platz gehen lassen, bis der Teig schön aufgegangen ist und über den Rand der Kastenform ragt. Den Backofen auf 220 °C vorheizen.

4 Das Brot dünn mit Milch bestreichen, mehrmals schräg einschneiden und mit den zurückgestellten Sonnenblumenkernen bestreuen. Das Brot in den Backofen schieben. Nach 15 Minuten die Temperatur auf 180 °C herunterschalten und das Brot weitere 15 Minuten backen. Das fertige Brot aus der Kastenform nehmen und auf einem Kuchengitter abkühlen lassen.

KÜCHENTIPP

Sonnenblumen-Baguettes lassen sich besonders einfach zubereiten, wenn man einen Fertigteig kauft und die Sonnenblumenpetalen vor dem Zusammenrollen und Backen auf dem Teig verteilt. Die Baguettes bekommen durch die Sonnenblumenpetalen ein herrlich nussiges Aroma.

Basilikum

Kleine Basilikumsämlinge gibt es in Gärtnereien, Gartencentern und Supermärkten. Sie wachsen bald zu großen Pflanzen heran.

Basilikum, das ein warmes, zugleich süßliches und pfeffriges Aroma besitzt, ist in Afrika und Asien heimisch. Die Pflanzen werden zwischen 30 cm und 60 cm hoch. Es gibt viele Sorten, wobei das großblättrige grüne Basilikum, das weiße Blüten hat, mit am verbreitetsten ist. Doch man findet auch Sorten mit purpurroten Blättern wie 'Purple Ruffles' und 'Dark Opal' mit kleinen, malvenfarbenen Blüten sowie Kulturformen mit Zimt- und Zitronenaroma.

Samen, die im Frühling ausgesät werden, brauchen zum Keimen wenigstens 13 °C. Bis Sommermitte sollten die Jungpflanzen im Gewächshaus oder im Haus am Fenster bleiben. Im Sommer kann man direkt ins Freiland aussäen.

Im Garten

TOMATEN-BASILIKUM-TURM

Basilikum und Tomaten gehören in der Küche zusammen, und so bietet sich auch im Garten eine Kombination der beiden an, damit sie ihre Sommeraromen entfalten können. Die Auswahl geeigneter Tomaten ist groß; hier wurde die Sorte 'Gardener's Delight' verwendet. Die Pflanzung ist eine Mischkultur, bei der das Basilikum die Tomatenpflanzen vor der Weißen Fliege schützt.

- PFLANZEN
  3 Tomatenpflanzen ('Gardener's Delight')
  3 Basilikumpflanzen oder kleine Büschel Sämlinge *(Ocimum basilicum)*
- PFLANZENSTÜTZEN Nehmen Sie ein kleines Holzspalier oder ein Metallgitter oder stecken Sie einfach Bambusstäbe in das Pflanzgefäß und binden Sie sie oben zusammen.
- DRAINAGE Topfscherben (Porzellan), Kies oder kleine Styroporstücke.
- SUBSTRAT (PFLANZERDE) Verwenden Sie ein Substrat auf Lehmbasis oder eine andere handelsübliche Pflanzerde und mischen Sie ein Wasser speicherndes Tongranulat darunter.
- PFLANZGEFÄSS Ein großer Pflanzkübel oder ein halbes Holzfass von 30 cm Höhe und 60 cm Durchmesser.
- STANDORT Bis zur Sommermitte im Gewächshaus; dann, falls gewünscht, an einem sonnigen, geschützten Platz im Freien.
- PFLANZZEIT Frühsommer.
- HAUPTBLÜTEZEIT Sommermitte bis Herbst.

1 Auf dem Boden des Pflanzgefäßes 5 cm hoch Drainagematerial verteilen und dann bis etwa 2–3 cm unter den Rand Substrat einfüllen.

2 Falls ein Holzspalier oder ein Metallgitter verwendet wird, dieses in die Erde stecken.

3 Abwechselnd die drei Tomatenpflanzen und das Basilikum in einem großen Kreis an den Rand des Pflanzgefäßes setzen.

4 Gut wässern. Die Pflanzen andrücken. Falls Bambusstäbe verwendet werden, diese zeltförmig in die Erde stecken und oben zusammenbinden.

In der Küche

Im Spätsommer, wenn die Tomaten reif werden, liefert Basilikum eine Fülle von Blüten.

Basilikumblüten sind zumeist klein, schmecken aber überraschend süß. Sie lassen sich auf vielerlei Weise in der Küche verwenden. Man kann sie zum Beispiel mit Basilikumblättern zum Verfeinern von Tomatensalaten und Pizzabelägen nehmen, über Pastagerichte streuen oder Tomatensaft damit aromatisieren. Die Blüten lassen sich leicht von den Stielen abziehen. Basilikum mit dunkelvioletten Blättern hat violettrosa Blüten, die ebenfalls köstlich schmecken.

In der Küche

KALTE TOMATENSUPPE MIT BASILIKUMBLÜTEN

Diese Suppe, die das Aroma von Tomaten und Basilikum in sich vereint und mit süßen Basilikumblüten bestreut ist, hat einen angenehm frischen Geschmack.

FÜR 4 PERSONEN
900 g Tomaten
1 Zwiebel
1 Knoblauchzehe
15 ml (1 EL) Olivenöl
600 ml Gemüsebrühe
20 Basilikumblätter
Einige Tropfen Holunderblütenessig oder Balsamessig
Saft von 1/2 Zitrone
150 ml Joghurt
Zucker und Salz (nach Geschmack)

Zum Garnieren
10 ml (2 TL) Basilikumblüten, alle grünen Teile entfernt
8 kleine Basilikumblätter
30 ml (2 EL) Joghurt

1 Die Tomaten grob in Stücke schneiden. Die Zwiebel und den Knoblauch schälen und hacken.

2 Die Zwiebel- und Knoblauchstücke 2–3 Minuten im Olivenöl sautieren, bis sie weich und glasig sind.

3 300 ml Gemüsebrühe dazugießen und die Tomaten hinzufügen.

4 Zum Kochen bringen, die Temperatur herunterschalten und alles bei schwacher Hitze 15 Minuten köcheln lassen.

5 Etwas abkühlen lassen, pürieren und durch ein Sieb streichen, um die Haut und die Kerne der Tomaten zu entfernen.

6 Die restliche Brühe, die Hälfte der Basilikumblätter, Essig, Zitronensaft und Joghurt zu den pürierten Tomaten geben. Mit Zucker und Salz würzen und nochmals kurz pürieren. Die Suppe kalt stellen.

7 Kurz vor dem Servieren die verbliebenen Basilikumblätter in feine Streifen schneiden und unter die Suppe ziehen.

8 Die gekühlte Suppe in Suppenteller schöpfen. Jede Portion mit einem Klecks Joghurt, kleinen Basilikumblättchen und darüber gestreuten Basilikumblüten garnieren.

Minze

Minze gehört vermutlich zu den bekanntesten Kräutern in unseren Gärten. *Mentha suaveolens* hat länglich ovale bis runde Blätter und ist mit ihrem süßen Apfelminzearoma ausgezeichnet für kulinarische Zwecke geeignet. Die buntblättrige *Mentha suaveolens* 'Variegata' ist eher eine Zierpflanze, hat aber dennoch ein sehr gutes Aroma. *Mentha spicata,* die Ährenminze, schmeckt nach Spearmint. Es gibt noch verschiedene andere Minzearten mit unterschiedlichem Aroma: *Mentha* x *piperita* duftet und schmeckt stark nach Pfefferminz, während ihre nahe Verwandte, *Mentha* x *piperita* f. *citrata,* auch als Lavendelminze bekannt, nach Kölnisch Wasser duftende Blätter hat. *Mentha gracilis,* die Edelminze, in England auch Ingwerminze genannt, ist buntblättrig mit würzigem Aroma. Alle Minzearten werden 40 cm bis 90 cm hoch und haben essbare, kleine violette Blüten.

Mentha spicata *bringt im Spätsommer Blütenähren mit rosavioletten Blüten hervor.*

Im Garten

Alle Minzearten lassen sich im Garten kultivieren, da sie jedoch stark wuchern, kann man sich oftmals kaum vor neuen Pflanzen retten. Um dies zu verhindern, sollte man sie in Gartenbeeten in einen hohen – halb in den Boden eingegrabenen – bodenlosen Eimer oder Plastiktopf setzen, so dass sie sich nicht ungehindert ausbreiten. Allerdings können Pfefferminze und Lavendelminze oberirdische Ausläufer bilden. Minze liebt einen sonnigen oder halbschattigen Standort und feuchten Boden. Teilen Sie die Pflanzen alle drei Jahre, damit sich der Wurzelstock erneuert; sonst kann das Aroma nachlassen.

Die Vermehrung ist sehr einfach, da sich aus den Wurzelteilen, selbst aus solchen mit nur einem Wachstumsknoten, neue Pflanzen bilden, wenn man sie in gutes Substrat oder in Gartenerde setzt. Eine andere Möglichkeit ist die Vermehrung durch Stecklinge, die man zum Bewurzeln in Wasser stellt. Darauf achten, dass das Wasser immer ausreichend hoch ist. Bereits nach wenigen Tagen bilden sich Wurzeln, und die Stecklinge können zur Weiterkultur in Töpfe gepflanzt werden.

Minze lässt sich auch in Pflanzgefäßen ziehen. Pflanzen Sie sie in die untere Reihe eines Drahthängekorbes mit Kräutern, wo sie nicht entkommen, aber üppig an den Seiten herunterwachsen kann. *Mentha suaveolens* 'Variegata' hat weiche, bunt gezeichnete Blätter, die zu anderen Pflanzen hübsch aussehen. *Mentha* x *piperita* f. *citrata* verströmt einen kräftigen, aber angenehmen Eau-de-Cologne-Duft, wenn man sie gießt oder ihre Blätter berührt. Zwischen Sommermitte und Spätsommer sprießen an den Seiten des Drahtkorbes metallisch glänzende purpurrote Ausläufer hervor, die Erde zum Anwurzeln suchen.

Minze wuchert im Garten sehr stark, und auch in Hängekörben wächst sie recht üppig.

GARTENTIPP
Haben die Blätter braune Rostsporen, die Pflanzen im Garten entfernen und verbrennen. Bei Containerpflanzen die Stengel unmittelbar über der Erde abschneiden und die Pflanzen später wegwerfen.

In der Küche

Minzeblätter und -blüten lassen sich auf vielerlei Weise in der Küche verwenden: Fügen Sie sie neuen Kartoffeln und Gemüsen, Saucen und Getränken zu. Lavendelminze und Zitronenstrauch lassen sich zusammen für erfrischende Tees verwenden. Eine andere sommerliche Idee ist es, die Blätter und Blüten von Lavendelminze mit kochendem Wasser zu übergießen, die Flüssigkeit abzuseihen und zum Aromatisieren von Orangengelee zu nehmen. Edelminzeblüten passen zum Beispiel gut zu Obstsalaten, und aus Salatgurke, Joghurt, Minzeblättern und -blüten lässt sich eine schmackhafte kalte Suppe zubereiten. Holzapfelgelee mit Minzeblüten schmeckt ebenfalls köstlich und passt ausgezeichnet zu Lammfleisch oder einfach nur zu Brot und Käse.

Buntblättrige Minze ist eine aromatische und dekorative Zutat für viele Sommergetränke.

In der Küche

MINZEBLÜTENESSIG

Minzeblütenessig eignet sich für Salatsaucen, zum Beispiel eine klassische Vinaigrette. Sie werden diesen Essig besonders im Winter zu schätzen wissen, wenn frische Minze nicht zur Verfügung steht.

ERGIBT 450 ml
120 ml (8 EL) Minzeblüten mit Stielen und Blättern
450 ml Weißweinessig

HINWEIS
Erhitzen Sie den Essig keinesfalls in einem Aluminiumtopf, da die Säure mit Aluminium reagiert. Nehmen Sie einen Edelstahltopf oder erhitzen Sie den Essig in einem Glasgefäß in der Mikrowelle.

1 Die Minzeblüten in ein Glas mit Schraubdeckel geben. (Der Deckel darf nicht aus Metall sein; ideal ist ein Kunststoffdeckel.)

2 Den Essig erhitzen, aber nicht zum Kochen kommen lassen.

3 Die Blüten mit dem heißen Essig übergießen, so dass er bis 2 cm unter den Rand reicht.

4 Den Essig abkühlen lassen, dann das Glas verschließen.

5 Das Ganze 3–4 Wochen stehen lassen, danach durch ein Sieb abgießen und in ein sauberes Glas oder eine saubere gebrauchte Essigflasche füllen.

6 Zur Dekoration frische Minzeblüten hinzufügen und das Glas beziehungsweise die Flasche beschriften.

Ysop

Ysop bringt zwischen Hochsommer und Frühherbst dichte Blütenähren hervor.

Ysop ist in Südeuropa und Vorderasien heimisch. Die winterharte, halbimmergrüne, strauchartige Pflanze wächst ungefähr 60 cm hoch. Zwischen Sommermitte und Frühherbst erscheinen an den langen, schlanken Stengeln leuchtend blaue Blüten, die Scheinähren bilden. Es gibt auch Sorten mit weißen, rosafarbenen und violetten Blüten.

Früher wurde Ysop häufig in formal angelegten Gärten als Einfassung von Beeten verwendet und zu diesem Zweck im Frühjahr stark beschnitten. Auch heute noch ist er eine gute Wahl, wenn man eine Begrenzung für Rabatten und Wege sucht. Ysopblüten locken Bienen an und sind in der Küche vielfältig verwendbar.

Im Garten

Ysop liebt einen leichten, sandigen oder alkalischen Boden und einen sonnigen oder halbschattigen Standort. Pflanzen Sie ihn zwischen Gebirgsnelken und Stiefmütterchen in ein Kräuter- oder Blumenbeet oder aber unter eine aufrecht wachsende Rose oder eine Rose mit herabhängenden Trieben, wo er als normale Unterpflanzung dienen oder zu einer niedrigen Hecke beschnitten werden kann.

Ysop harmoniert gut mit einer Vielzahl kleinerer Pflanzen, wie zum Beispiel Stiefmütterchen, Gebirgsnelken und Thymian. Viola 'Rebecca' *mit ihren cremeweißen, malvenblau geränderten Blüten ist der perfekte Partner.*

Ysop eignet sich auch ausgezeichnet für sommerliche Hängekörbe und andere Pflanzgefäße. Seine Blüten locken Bienen und Schmetterlinge an.

Man sät Ysop im zeitigen Frühjahr oder im Herbst aus oder vermehrt ihn im Frühsommer durch Stecklinge. Damit er seine kompakte Wuchsform behält, wird er in milden Klimaregionen nach der Blüte auf 20 cm zurückgeschnitten; in Regionen mit härteren Wintern erfolgt der Rückschnitt aber besser erst im Frühling.

In der Küche

Die Blüten des Ysops sind zu langen Scheinähren angeordnet, an denen sich die Blüten nach und nach von unten nach oben öffnen. Die Knospen und Blüten nahm man früher für Suppen und Salate. Für Ysoptee wurden die grünen Blütenknospen mit kochendem Wasser übergossen. Die Blüten lassen sich auch zur Zubereitung von Ysopessig, Ysopöl und Ysopbutter verwenden. Die Blüten sind zwar klein, haben aber ein kräftiges Aroma, das an eine Mischung aus Thymian und Menthol erinnert. Blüten, die sich gerade erst geöffnet haben, sind an der Basis süß.

In der Küche

HÜHNERLEBER-PÂTÉ MIT YSOPBLÜTEN

FÜR 6 BIS 8 PERSONEN
50 g Butter
125 g Frühstücksspeck, in kleine Stücke geschnitten
2 Knoblauchzehen, zerdrückt
1 kleine Zwiebel, sehr fein gehackt
450 g Hühnerlebern, gehackt
Salz und frisch gemahlener schwarzer Pfeffer
60 ml (4 EL) Ysopblüten und -knospen, Stiele entfernt
60 ml (4 EL) trockener Sherry
60 ml (4 EL) Crème double
5 ml (1 TL) Zitronensaft

Zum Garnieren
75 g Butter, zerlassen
1–2 Stengel Ysopblüten

Diese kräftige Pâté kann man mit Toast oder knusprigem Weißbrot servieren. Reichen Sie dazu einen einfachen Tomaten- oder grünen Salat, der ebenfalls mit Ysopblüten garniert ist.

1 In einer Pfanne die 50 g Butter zerlassen. Frühstücksspeck, Knoblauch und Zwiebel hinzufügen und 4 Minuten bei niedriger Temperatur garen.

2 Die Hühnerlebern dazugeben und 5 Minuten garen.

3 Mit Salz und Pfeffer würzen. Die Ysopblüten und -knospen sowie den Sherry hinzufügen und alles erhitzen, bis die Flüssigkeit verkocht ist.

4 Abkühlen lassen. Dann zusammen mit der Crème double und dem Zitronensaft im Mixer pürieren.

5 In eine Pastetenform füllen. Die zerlassenen 75 g Butter über die Pâté gießen. Die Pâté über Nacht in den Kühlschrank stellen, damit sie fest wird.

6 Zum Servieren die Garnierung mit blühendem Ysop fertig stellen.

KÜCHENTIPP
Diese Pâté lässt sich gut einfrieren und zu einem späteren Zeitpunkt servieren. Füllen Sie sie in eine luftdicht verschlossene Gefrierdose.

Oregano

Oregano oder Wilder Majoran gehört zu der auch als Dost bekannten Gattung *Origanum*. Es gibt ihn in vielen Spielarten, die alle einen sonnigen Standort lieben. Die Blätter sind sehr aromatisch, und die Blüten schmecken wie eine süßere Version des Laubs. Oregano lockt Bienen und Schmetterlinge an; er kann in einem Bauerngarten an einen sonnigen Weg oder in einem Kräutergarten zwischen andere Kräuter und Rosen gepflanzt werden. Sorten mit goldgelb gezeichneten Blättern sehen besonders hübsch aus.

Oregano lässt sich im Frühjahr teilen, kann aber auch aus Samen gezogen werden. Er eignet sich für Töpfe und Kübel, aber auch für einen blühenden Frühlings- oder Sommerkorb. Im Herbst oder im zeitigen Frühjahr sollten die Stengel bis auf die Erde zurückgeschnitten werden.

Oreganoblüten erscheinen vom Hochsommer bis zum Frühherbst in dichten, verzweigten Büscheln.

Im Garten

ERDBEER-OREGANO-TOPF

In diesem Topf, der über viele Wochen ansprechend aussieht, wachsen Erdbeeren zusammen mit später blühendem Oregano, so dass man sowohl im Hochsommer wie auch im Spätsommer Früchte und Blüten ernten kann. *Origanum vulgare,* der zuverlässig und üppig blüht, wird durch das schöne Laub von 'Country Cream' und 'Aureum Crispum' ergänzt. Die buntblättrige Zitronenmelisse in der Mitte bringt zwischen Hochsommer und Spätsommer essbare kleine weiße Blüten hervor.

- PFLANZEN
  - 1 Oreganopflanze *(Origanum vulgare)*
  - 1 Oreganopflanze *(Origanum vulgare* 'Aureum Crispum'*)*
  - 1 Oreganopflanze *(Origanum vulgare* 'Country Cream'*)*
  - 6 Erdbeerpflanzen *(Fragaria* x *ananassa* 'Calypso' oder 'Cambridge Favourite'*)*
  - 1 buntblättrige Zitronenmelisse *(Melissa officinalis* 'Aurea'*)*
- DRAINAGE Topfscherben (Porzellan), Kies oder kleine Styroporstücke.
- SUBSTRAT (PFLANZERDE) Für Pflanzgefäße frisches Substrat verwenden. Geeignet ist ein Substrat auf Lehmbasis oder eine andere handelsübliche Pflanzerde. Da dieser Topf rasch austrocknet, empfiehlt es sich, ein Wasser speicherndes Tongranulat unter das Substrat zu mischen.
- PFLANZGEFÄSS Diese Art von Topf wird Erdbeer-, Kräuter- oder Aussaattopf genannt. Der hier verwendete Topf hat einen Durchmesser von 25 cm und eine Höhe von knapp 25 cm. Er lässt sich besonders gut bepflanzen, da die sechs Löcher an den Seiten schön groß sind. Töpfe mit kleinen Öffnungen sind für eine solche Pflanzung nicht geeignet.
- STANDORT Sonnig.
- PFLANZZEIT Zeitiges Frühjahr.
- HAUPTBLÜTEZEIT Sommermitte bis Herbst.

Bei den Erdbeeren handelt es sich um die Sorte 'Calypso', eine neuere Züchtung mit guten, festen, glänzenden Früchten, die im Frühsommer reifen und später eine zweite Ernte hervorbringen. 'Cambridge Favourite' wäre für diesen Topf ebenfalls gut geeignet. Den Geschmack und das Aroma von Walderdbeeren, gleichzeitig aber die Größe von Kulturerdbeeren, hat die Sorte 'Mara des Bois'.

Im Garten

Oregano

1 Auf dem Boden des Pflanzgefäßes 2–3 cm hoch Drainagematerial verteilen und bis zum unteren Rand der unteren Pflanzlöcher Substrat einfüllen.

2 Drei Erdbeerpflanzen und die drei Oreganopflanzen abwechselnd durch die Löcher an den Topfseiten einpflanzen. Hier wurden die Erdbeeren in die oberen Pflanzlöcher gesetzt. Weiteres Substrat einfüllen und darauf achten, dass die Wurzeln der Pflanzen gut im Substrat eingebettet sind.

3 Die restlichen Erdbeeren so oben an den Topfrand pflanzen, dass sie sich nicht unmittelbar über den Erdbeeren darunter befinden. Die Zitronenmelisse in die Topfmitte setzen.

4 Alle Zwischenräume mit Substrat füllen, so dass es bis gut 2 cm unter den Rand reicht. Gut wässern. Das Substrat rund um die Pflanzen andrücken und, wenn nötig, weiteres Substrat einfüllen.

Origanum vulgare 'Country Cream' sieht anmutig aus, verträgt aber keine volle Sonne.

PFLEGE

Das Substrat immer ausreichend feucht halten. Bei allzu starker Sonneneinstrahlung verbrennen die Blattränder von 'Country Cream' leicht. Entfernen Sie die betroffenen Blätter (es wachsen bald neue nach) oder stellen Sie den Topf so auf, dass sich die Pflanze auf der schattigeren Seite befindet. Ernten Sie die Erdbeeren, wenn sie reif sind, und schneiden Sie Oregano und Zitronenmelisse während der gesamten Wachstumsphase zur Verwendung in der Küche. Damit die Zitronenmelisse schön kompakt bleibt und sich das hübsche Laub erneuert, sollte sie im Frühsommer wenigstens einmal auf knapp 10 cm zurückgeschnitten werden. Alle Oreganopflanzen schneiden Sie nach der Blüte auf 5 cm zurück, damit sie neu austreiben. Fügen Sie dem Gießwasser einmal pro Woche Flüssigdünger zu, sobald die Erdbeeren Früchte angesetzt haben; es gibt eine frühe und eine späte Ernte. Alle diese Pflanzen sind winterhart, doch sollten Sie sie im zeitigen Frühjahr aus dem Topf nehmen und mit frischem Substrat neu einpflanzen. Teilen Sie dabei die Oreganopflanzen und die Zitronenmelisse und setzen Sie überzählige Pflanzen in den Garten. Die Erdbeeren lassen sich meist nicht so leicht teilen, und so kann es besser sein, neue Pflanzen zu verwenden.

Erdbeerblüten erscheinen im Frühsommer und noch einmal im Spätsommer.

In der Küche

Oreganoblüten lassen sich zur Zubereitung von Kräutertees oder zum Aromatisieren von Ölen, Essig und Butter verwenden.

Oreganoblätter haben ein kräftiges Aroma, das je nach Sorte leicht variiert. Die Blüten, die süßer als die Blätter schmecken, sind zwar sehr klein, erscheinen aber in großen Büscheln. Man kann sie einzeln abpflücken, oder – für noch mehr Geschmack – die ganzen Stiele mit den Blüten und ihren Kelchen abschneiden. Wählen Sie stets Blüten, die sich eben erst geöffnet haben, denn sie sind besonders zart und haben das meiste Aroma.

Mit den Blüten lassen sich viele Geflügel- und Fischgerichte verfeinern, und man kann sie für Füllungen, Salate, Pastagerichte und auch Saucen verwenden. Sie schmecken köstlich in einer Käse-Quiche oder, mit Semmelbröseln und Olivenöl vermischt, über geröstetem Gemüse.

In der Küche

CIABATTABROT MIT OREGANOBLÜTEN

FÜR 2 PERSONEN
1 Ciabattabrot
4 mittelgroße Tomaten
125 g Mozzarella oder Cheddar
15 ml (1 EL) Olivenöl
Salz und frisch gemahlener schwarzer Pfeffer
15 ml (1 EL) Oreganoblüten

Dieses Rezept bietet eine einfache, aber schmackhafte Methode zur Verwendung von Oreganoblüten. Die Kombination von Käse, Tomaten und Oregano ist beliebt, doch kann man auch noch andere Zutaten hinzufügen, etwa Kapern, Oliven, Sardellenfilets und geröstete Paprikaschoten.

1 Das Brot waagerecht halbieren und im Grill goldbraun rösten.

2 In der Zwischenzeit die Tomaten abziehen. Dazu die Tomaten oben und unten leicht einschneiden und mit kochendem Wasser übergießen. Sobald sich die Haut an den Einschnitten löst, das Wasser abgießen und die Tomaten etwas abkühlen lassen. Dann die Haut abziehen und die Tomaten in dicke Scheiben schneiden.

3 Den Käse in Scheiben schneiden oder reiben. Das Brot mit etwas Olivenöl beträufeln und die Tomatenscheiben und den Käse darauf verteilen. Mit Salz und Pfeffer würzen und die Oreganoblüten darüber streuen. Etwas Olivenöl darüber träufeln und das Brot im Grill überbacken, bis der Käse zerläuft.

KÜCHENTIPP
Oreganoblüten eignen sich zum Verfeinern von Pizzabelägen. Bestreuen Sie die Pizza mit 8–15 ml (1/2–1 EL) Oreganoblüten und fügen Sie einige Blättchen hinzu. Da die Aromen recht kräftig sind, können Sie die Menge nach Ihrem persönlichen Geschmack variieren.

Die Anzucht geeigneter Pflanzen

Die meisten Pflanzen mit essbaren Blüten, die in diesem Buch aufgeführt sind, findet man problemlos in Gartencentern und Gärtnereien als Pflanzen oder Samen. Am einfachsten ist es, vorgezogene Pflanzen zu kaufen und sie dann in Pflanzgefäße oder in den Garten umzusetzen. Mehr Spaß macht es jedoch, und erheblich preiswerter ist es, sie selbst anzuziehen.

Viele essbare Blumen lassen sich ohne großen Aufwand im Gartenschuppen oder in einem anderen geeigneten Raum anziehen.

Anzucht aus Samen

Eine reiche Zucchiniblütenernte.

Die Anzucht von Pflanzen aus Samen ist eine preiswerte und einfache Methode, essbare Blüten im Garten zu kultivieren. So kosten beispielsweise Zucchinisamen nur wenige Pfennige pro Pflanze, und eine komplette Ernte ist deshalb billiger als eine einzige Zucchini, die man im Supermarkt kauft. Viele Wochen lang kann man so Zucchiniblüten schneiden, und reichlich Früchte bekommt man noch dazu.

Einjährige Pflanzen, die sich im Frühjahr aus Samen ziehen lassen und im Sommer blühen, machen wenig Mühe, denn sie brauchen kaum mehr als feuchtes Substrat und frostfreie Temperaturen. Zucchini, Kapuzinerkresse, Ringelblumen, Rauke, Stangenbohnen und Sonnenblumen gehören alle zu dieser Kategorie. Um eine frühe Blüte zu erhalten, sät man die Pflanzen im Frühjahr in Schalen oder Töpfe im Haus aus und pflanzt sie dann, wenn keine Frostgefahr mehr besteht, nach draußen an ihren vorgesehenen Standort. Wenn Ihnen die Anzucht im Haus und das Auspflanzen der Sämlinge zu aufwendig ist, warten Sie einfach etwas länger und säen Sie die Samen dann gleich an Ort und Stelle im Freiland aus. Wenn die Samen aufgegangen sind, besteht in der Regel auch keine Frostgefahr mehr. Anderenfalls müssen die jungen Pflänzchen nachts mit Glasglocken vor Frost geschützt werden.

Kapuzinerkresse lässt sich problemlos in einen Vermehrungskasten oder direkt in das Pflanzgefäß, in dem sie wachsen soll, aussäen. Sie wächst rasch heran und ist schon bald eine Augenweide im Garten und als Dekoration (links).

Die Anzucht von Ringelblumen ist ebenfalls sehr einfach. Bei Petersilie ist dies etwas schwieriger, aber keineswegs unmöglich (oben).

Aussaat im Haus

Multitöpfe

1 Zucchini in Multitöpfen in feuchte Blumenerde guter Qualität säen (in jeden Topf 2 Samen 1 cm tief). Auf eine warme Fensterbank, ins Gewächshaus oder in einen Vermehrungskasten (16–18 °C) stellen und mit einer Kunststoffhaube oder klarer Plastikfolie abdecken, bis die Samen gekeimt haben. Nach einigen Tagen den jeweils schwächeren Sämling herausziehen und wegwerfen. Das Substrat stets feucht halten.

2 Im Frühling die Jungpflanzen zum Abhärten tagsüber nach draußen stellen, sie aber abends, wenn die Temperaturen fallen, wieder hereinholen. Am Ende des Frühlings oder im Frühsommer, wenn keine Frostgefahr mehr besteht, im Abstand von 60–90 cm an einen sonnigen Platz im Freien pflanzen.

GARTENTIPP
Auf diese Weise können auch Sonnenblumen, Kapuzinerkresse, Borretsch und Ringelblumen gezogen werden.

Einzeltöpfe

1 Stangenbohnen in Einzeltöpfen in feuchte Blumenerde guter Qualität säen (in jeden Topf 2 Samen 4 cm tief). Auf eine warme Fensterbank, ins Gewächshaus oder in einen Vermehrungskasten (16–18 °C) stellen und mit einer Kunststoffhaube oder klarer Plastikfolie abdecken, bis die Samen gekeimt haben. Nach einigen Tagen dann den jeweils schwächeren Sämling herausziehen und wegwerfen. Das Substrat stets feucht halten; es darf jedoch nicht durchnässt sein.

2 Im Frühling die Jungpflanzen zum Abhärten tagsüber nach draußen stellen, sie aber abends, wenn die Temperaturen fallen, wieder hereinholen. Am Ende des Frühlings oder im Frühsommer, wenn keine Frostgefahr mehr besteht, im Abstand von 60–90 cm an einen sonnigen Platz im Freien pflanzen.

GARTENTIPP
Auf diese Weise können auch Zucchini, Sonnenblumen und Kapuzinerkresse gezogen werden.

Kleiner Vermehrungskasten

1 Eine andere Möglichkeit ist die Aussaat in einem kleinen Vermehrungskasten oder Zimmergewächshaus, in dem eine größere Zahl von Sämlingen einzeln in Multitöpfen keimt und ihre Wurzeln ausbildet. Das hier gezeigte System besteht aus 40 kleinen Töpfen, so dass verschiedene Pflanzen gleichzeitig ausgesät werden können. Die Töpfe bis 1 cm unter den Rand mit feuchter Blumenerde guter Qualität füllen. Hier wurden Ringelblumen und Kapuzinerkresse gesät.

2 Die Abdeckhaube aufsetzen, damit die Luft warm und feucht bleibt. Wenn die Samen gekeimt haben, die Haube abnehmen und das Substrat feucht, aber nicht nass halten. Die Sämlinge zur Weiterzucht vorsichtig in Pflanzgefäße oder in den Garten auspflanzen.

GARTENTIPP
Auf diese Weise können auch Borretsch, Dill, Schnittlauch sowie viele andere Pflanzen gezogen werden.

Aussaat in Pflanzgefäße

Einzelpflanzung

1 Feine Samen, wie etwa Rauke, direkt in einen kleinen bis mittelgroßen Topf säen, in dem sie nach dem Keimen auch heranwachsen. Den Topf bis 2–3 cm unter den Rand mit feuchter Blumenerde guter Qualität füllen. Die Samen darauf verteilen und mit einer dünnen Schicht Erde bedecken. Das Substrat feucht halten (es darf nicht nass sein) und den Topf an einen frostfreien Platz stellen. Bei warmem Wetter keimen die Samen schon nach kurzer Zeit. Die Sämlinge auf die Hälfte ausdünnen.

2 Den Topf an einen sonnigen Platz stellen und das Substrat stets feucht halten. Die jungen Pflanzen blühen schon bald, und obwohl ihre Blüten sehr zart aussehen, schmecken sie ganz besonders aromatisch. Die Blüten regelmäßig abschneiden, um so das Blütenwachstum anzuregen.

Mischpflanzung

1 Es können auch verschiedene Samen miteinander kombiniert werden, etwa in einem großen Blumenkasten. Säen Sie zum Beispiel Stangenbohnen, hohe Sonnenblumen und Kapuzinerkresse in eine große Wanne oder ein Fass. Zucchini und Kapuzinerkresse können in jedem mittelgroßen bis großen Topf wachsen. Die Samen im Frühling paarweise in feuchte Pflanzerde guter Qualität säen; bis zum späten Frühjahr vor Frost schützen. Jeweils das schwächere der beiden Pflänzchen herausziehen.

Eine farbenfrohe Zusammenstellung aus Stangenbohnen, Kapuzinerkresse und Sonnenblumen.

Hier blühen Sonnenblumen und Kapuzinerkresse, die in einen Blumenkasten gesät wurden.

Aussaat ins Freiland

Pflanzen wie Zucchini, Sonnenblumen, Kapuzinerkresse und Stangenbohnen lassen sich zwischen Frühjahrsmitte und -ende direkt ins Freiland aussäen. Man sät die Samen paarweise an einem sonnigen Platz in die vorbereitete Gartenerde. Die Pflanzen wachsen rasch heran, tragen aber etwas später Blüten und Früchte als im Haus vorgezogene. Es empfiehlt sich, die Samen etwas tiefer als im Haus auszusäen: Zucchini 2,5 cm tief, Abstand 60–90 cm; Sonnenblumen 2,5 cm tief, Abstand 30 cm; Kapuzinerkresse 1,5 cm tief und Abstand 25 cm; Stangenbohnen 5 cm tief, Abstand 15–20 cm. Nach dem Keimen jeweils das schwächere der beiden Pflänzchen herausziehen. Den Boden feucht halten. Jungpflanzen bei Frostgefahr abdecken. Vier bis acht Pflanzen ergeben eine gute Ernte an Blüten und gegebenenfalls Früchten.

Auch Ringelblumen, Rauke, Borretsch und Basilikum können an Ort und Stelle ausgesät werden. Den Boden gründlich vorbereiten, mit dem Rechen glatt harken und die Samen in kleinen Gruppen oder reihenweise 1,5 cm tief säen. Basilikum keimt besser bei zusätzlicher Wärme oder bei Aussaat nicht vor dem Frühsommer. Die Sämlinge ausdünnen, so dass sich ein Abstand von 25–30 cm ergibt.

Selbstaussaat

Viele Pflanzen säen sich selbst aus. Einige davon sind winterharte Pflanzen, entweder Stauden oder zweijährige Pflanzen, die erst im zweiten Jahr blühen. Schlüsselblumen, Primeln, Veilchen und Gänseblümchen vermehren sich durch Selbstaussaat, ebenso Schinkenkraut, Stockrosen, Süßdolde, Fenchel und Oregano.

Die winterharten Einjährigen wachsen aus Samen, die im vorhergehenden Sommer herangereift sind und sich im Herbst ausgesät haben. Einige davon keimen bereits, bevor der Winter einsetzt, andere erst im darauf folgenden Frühjahr. Ringelblumen und Borretsch blühen oft auf diese Weise und erneuern sich so Jahr für Jahr.

Schlüsselblumen vermehren sich auf Wiesen und in Beeten durch Selbstaussaat.

Bei manchen Pflanzen fallen die reifen Samen unmittelbar in den Wurzelbereich. So findet man beispielsweise häufig junge Schlüsselblumen rund um die Elternpflanze. Bei anderen Pflanzen werden die Samen durch den Wind in alle Himmelsrichtungen verteilt, so dass man sie in einer völlig anderen Ecke des Gartens wiederentdeckt. Löwenzahn ist ein gutes Beispiel für diese Art der Vermehrung und für seine starke Ausbreitung berüchtigt. Bei wieder anderen Pflanzen werden die Samen von Vögeln zu neuen Plätzen getragen, was die Erklärung dafür ist, dass beispielsweise in vielen Gärten und an Wegen Hundsrosen und Holunderbüsche wachsen.

Frostempfindliche Samen

Manche Samen sind nicht frostfest, und deshalb können sich diese Pflanzen in bestimmten Klimaregionen nicht durch Selbstaussaat vermehren. Dies trifft zum Beispiel auf Sonnenblumen, Kapuzinerkresse, Stangenbohnen und Rauke zu, und so muss man die reifen Samen sammeln und bis zur Aussaat im Folgejahr frostfrei aufbewahren.

Auch bei winterharten Pflanzen kann es ratsam sein, die Samen selbst abzuernten, damit sie nicht alle von Vögeln oder anderen Tieren gefressen werden und die Pflanzen sich dann nicht mehr auf natürliche Weise vermehren können. Vielleicht möchten Sie die Samen aber auch sammeln, um sie kontrolliert kultivieren oder Freunden schenken zu können. Warten Sie, bis die Samen ausgereift sind. Sammeln Sie sie dann an einem trockenen Tag von den Pflanzen ab und stecken Sie sie in eine braune Papiertüte. Vergessen Sie nicht, die Tüten zu beschriften, und bewahren Sie sie an einem kühlen, trockenen Platz auf.

Selbstaussaat verhindern

Manche Pflanzen bringen so viele Samen hervor, dass man die Samenstände abschneiden sollte, wenn man eine Invasion verhindern möchte. Süßdolde, Engelwurz und Schinkenkraut gehören zum Beispiel in diese Kategorie, vor allem, wenn sie bereits ein oder zwei Jahre im Garten wachsen und sich gut entwickelt haben. Entfernen Sie einfach die Samenstände, bevor die Samen herausfallen.

Schneiden Sie die Samenstände von Engelwurz ab, bevor die Samen reif sind, damit nicht im folgenden Frühjahr zahlreiche Sämlinge kommen.

Anzucht aus Stecklingen und durch Wurzelteilung

Manche Pflanzen, wie beispielsweise Nelken, Lavendel, Zitronenstrauch und Pelargonien, lassen sich ohne Problemle durch Stecklinge aus kräftigen und blütenlosen Seitentrieben vermehren.

Auf diese Weise wird es Ihnen schon bald gelingen, die Pflanzen immer wieder zu vermehren und Ihren Pflanzenbestand fortlaufend zu erneuern.

Lavendelstecklinge schneidet man im Herbst.

Stecklinge

Nelken
Dianthus

1 Zwischen Sommermitte und Spätsommer kräftige Seitentriebe in einer Länge von 8–10 cm abschneiden. Die unteren Blätter entfernen und nach Belieben die Schnittstelle in Bewurzelungshormon tauchen. Überschüssiges Pulver behutsam abklopfen.

2 Einen kleinen Topf mit feuchter Blumenerde füllen und eine dünne Schicht trockenen Sand darauf verteilen. Löcher in die Pflanzerde stechen und die Stecklinge hineinsetzen. Beim Hineinstechen der Löcher rieselt der trockene Sand nach unten, so dass ein gutes Medium zum Anwurzeln der Stecklinge entsteht. Das Substrat um die Stecklinge andrücken und den Topf an einen schattigen Platz stellen. Die Stecklinge täglich leicht mit Wasser besprühen.

3 Die Stecklinge, wenn sie nach 3–4 Wochen gut angewurzelt sind, vorsichtig aus dem Topf nehmen und einzeln in 8 cm großen Töpfen in ein Substrat auf Lehmbasis oder eine andere handelsübliche Pflanzerde setzen. Die Pflanzen im Spätherbst, wenn sie herangewachsen sind, an die gewünschte Stelle im Garten pflanzen, oder den Winter über in ein unbeheiztes Gewächshaus stellen und im Frühjahr auspflanzen.

Lavendel
Lavandula

1 Im Herbst etwa 12 cm lange Risslinge nehmen, für die kleine Seitentriebe so vom Haupttrieb abgerissen werden, dass eine verholzte »Achsel« stehen bleibt. Nach Belieben die Achsel in Bewurzelungshormon tauchen und überschüssiges Pulver abklopfen.

2 Einen kleinen Topf mit feuchter Blumenerde füllen und eine dünne Schicht trockenen Sand darauf verteilen. Löcher in die Pflanzerde stechen und die Stecklinge hineinsetzen. Den Topf an einen schattigen Platz oder in ein unbeheiztes Gewächshaus stellen. Täglich mit Wasser besprühen. Das Substrat nur leicht feucht halten, während sich die Wurzeln entwickeln.

3 Nach etwa 4 Wochen sollten die Stecklinge angewurzelt sein. Den Winter über an einen geschützten Platz, etwa in einen kalten Kasten (Frühbeet), stellen und im folgenden Frühjahr dann an die vorgesehene Stelle im Garten auspflanzen.

Duftpelargonien
Pelargonium

1 Im Frühling oder Herbst 5–10 cm lange Grünstecklinge schneiden. Die Länge der Stecklinge hängt in erster Linie vom Abstand der Verzweigungsstellen ab. 8–10 cm große Töpfe mit einer Mischung aus Blumenerde und grobem Sand oder Perlite füllen. Gut wässern und abtropfen lassen. Dann auf dem Substrat eine dünne Schicht trockenen Sand verteilen. Die unteren Blätter der Stecklinge entfernen.

2 Nach Belieben die Enden in Bewurzelungshormon tauchen. Löcher in das Substrat stechen und die Stecklinge hineinsetzen. Beim Hineinstechen der Löcher rieselt der trockene Sand nach unten, so dass ein gutes Medium zum Anwurzeln der Stecklinge entsteht. Die Stecklinge auf die Fensterbank oder ins Gewächshaus stellen; sie sollen hell, aber nicht in der vollen Sonne stehen. Der oberirdische Wuchs muss trocken, die Pflanzerde jedoch feucht gehalten werden. Die Stecklinge, wenn sie nach etwa 3 Wochen bewurzelt sind, einzeln in 8 cm große Töpfe pflanzen; ein Substrat guter Qualität verwenden. Duftpelargonien sind nicht winterhart und vertragen keinen Frost.

Minze
Mentha-Arten

1 Zwischen spätem Frühjahr und Sommer Grünstecklinge schneiden. Diese Methode ist bei allen Minzearten möglich; die Wurzeln bilden sich im Wasser nach wenigen Tagen.

2 Die unteren Blätter entfernen und die Stengel in eine mit Wasser gefüllte enghalsige Flasche stecken. Die Flasche an einen hellen, schattigen Platz im Haus oder im Freien stellen. Kontrollieren und, falls erforderlich, Wasser nachfüllen.

3 Die bewurzelten Stecklinge einzeln in 8 cm große Töpfe setzen.

Rosen
Rosa

1 Im Spätsommer oder Frühherbst von kräftigen und blütenlosen Seitentrieben 25–30 cm lange Stecklinge mit einer Achsel nehmen. Alle Blätter mit Ausnahme der oberen zwei oder drei an der Spitze jedes Stecklings sowie die Knospen in den Blattachseln entfernen. An einer halbschattigen Stelle im Garten, die sich nicht unmittelbar unter Bäumen befindet, einen 15–20 cm tiefen, V-förmigen Graben ausheben.

2 Etwa 2–3 cm hoch groben Sand in den Graben füllen. Die Stecklinge in Bewurzelungshormon tauchen und im Abstand von einigen Zentimentern in den Sand stecken.

3 Die Erde über den Stecklingen festdrücken und das Laub besprühen. Bei trockener Witterung den gesamten Graben gründlich wässern. Die bewurzelten Rosen im folgenden Herbst an den vorgesehenen Platz im Garten pflanzen.

Pflanzen vermehren durch Wurzelteilung

Viele Pflanzen, wie zum Beispiel Zitronenmelisse, Oregano, Indianernessel, Schnittlauch, Kissenprimel, Schlüsselblume und Taglilie lassen sich vermehren, indem man sie im Frühling ausgräbt und vorsichtig ihren Wurzelstock teilt. Große Pflanzen können auf diese Weise zumeist in mehrere neue Pflanzen geteilt werden. Die neuen Pflanzen zur Weiterkultur einzeln in Töpfe setzen oder aber an einen anderen Platz im Garten pflanzen.

Minze lässt sich außer durch Stecklinge auch durch Teilung vermehren. Mitunter muss man dabei eine Wurzel durchtrennen, doch erneuern sich die einzelnen Wurzelteile schon nach kurzer Zeit. Minze, die in Töpfen wächst, lässt sich einfach in zwei Büschel teilen, sobald man eine der Hauptwurzeln durchtrennt hat. Die beiden Hälften in frischem Substrat eintopfen oder direkt in den Garten pflanzen.

Stockrose Gänseblümchen Dill

Borretsch Ringelblume Wegwarte

Safran Zucchini Nelke Fenchel

Waldmeister Sonnenblume

Taglilie Nachtviole Hibiskus Ysop

Hopfen Lavendel Indianernessel

Süßdolde Basilikum Ochsenzunge

Schinkenkraut Oregano Rose

Rosmarin Duftpelargonie Salbei

Kapuzinerkresse Thymian Rotklee

Veilchen Salbei Schnittlauch

Schlüsselblume Stiefmütterchen

Pflanzenlexikon

Die Liste von Pflanzen mit essbaren Blüten ist lang und erlaubt es fast jedem, eine Vielzahl davon anzubauen – sei es in Gartenbeeten und Rabatten oder einfach in Töpfen und Kübeln –, um die Blüten in den Frühlings- und Sommermonaten essen zu können. Viele davon finden seit Jahrhunderten in der Küche Verwendung; sie sind eine köstliche und attraktive Zugabe für den Speisezettel.

Ein Trog mit verschiedenen Kräutern erfreut durch den schönen Anblick von Blüten und Laub. Die Pflanzen sind ein Gewinn für Garten und Küche.

Speisen und Blüten, die gut harmonieren

Auf diesen beiden Seiten finden Sie einige Vorschläge für Zusammenstellungen von Speisen und Blüten. Selbstverständlich können Sie je nach Saison auch mit anderen Kombinationen experimentieren.

Oregano

Ysop

Borretsch

Rindfleisch mit **Oregano, Rauke**
Hühnerfleisch mit **Thymian, Ysop, Lavendel**
Fisch mit **Indianernessel, Fenchel, Dill**
Lammfleisch mit **Rosmarin, Lavendel, Minzegelee**
Schweinswurst mit **Schnittlauch, Oregano, Salbei**
Fischsaucen mit **Ringelblumen, Fenchel, Schnittlauch, Dill**

Senf mit **Salbei, Dill, Fenchel, Rauke**
Ofenkartoffeln mit **Ringelblumen, Schnittlauch**
Champignons mit **Thymian, Schnittlauch**
Pasta mit **Ringelblumen, Zucchiniblüten, Sonnenblumen, Schnittlauch**
Salate mit **Kissenprimeln, Veilchen, Borretsch, Süßdolde, Schnittlauch, Ringelblumen, Kapuzinerkresse, Rauke, Indianernessel, Schinkenkraut, Minze**
Tomaten mit **Basilikum, Oregano**

Sonnenblume

Zucchiniblüte

Brot mit **Sonnenblumen, Lavendel**
Kuchen, Torten, Baisers und **Desserts** mit überzuckerten Blüten von **Kissenprimeln, Veilchen, Stiefmütterchen, Schlüsselblumen, Rosmarin, Rosen, Nelken, Borretsch, Ochsenzunge**
Ausbackteig mit **Zucchini-, Holunderblüten, Kapuzinerkresse, Salbei**
Scones mit **Holunderblüten-Erdbeer-Marmelade, Lavendelgelee**
Obstsalate mit **Borretsch, Stockrosen, Minze, Schinkenkraut**
Honig mit **Schlüsselblumen, Lavendel, Rosen**
Eiscreme mit **Rosen, Minze, Lavendel**
Sorbet mit **Rosen, Fenchel**
Eiswürfel mit **Borretsch, Duftpelargonien, Rosen, Nelken, Veilchen, Ochsenzunge, Stiefmütterchen**

Stiefmütterchen

Stockrose

Pelargonie

Violettes Basilikum

Taglilie

Bier mit Hopfen, Löwenzahn
Sirup mit Schlüsselblumen, Veilchen, Rosen, Minze
Tee mit Lindenblüten, Ysop, Lavendel, Klee, Kamille, Waldmeister, Hibiskus, Minze, Zitronenstrauch
Wein mit Holunderblüten, Schlüsselblumen, Lindenblüten, Löwenzahn, Minze, Kissenprimeln, Muskatellersalbei, Hopfen, Waldmeister, Klee

Buttermischungen mit Thymian, Salbei, Ringelblumen, Ysop, Schnittlauch
Süße Buttermischungen mit Rosen, Gebirgsnelken, Veilchen
Öle mit Oregano, Minze, Lavendel, Indianernessel, Salbei, Thymian, Ysop, Fenchel
Essig mit Minze, Veilchen, Schnittlauch, Rosen, Kapuzinerkresse

Römische Kamille

Salat mit Borretsch- und Salbeiblüten sowie Ringelblumenpetalen.

Der folgende Pflanzenführer umfasst Pflanzen, die seit Jahrhunderten – in einigen Fällen seit Jahrtausenden – in der Küche Verwendung finden. Dennoch ist nicht auszuschließen, dass die Blüten bei manchen Menschen allergische Reaktionen hervorrufen. Um solchen Reaktionen vorzubeugen, empfiehlt es sich, überschüssigen Pollen oder sogar sämtliche Pollen tragenden Pflanzenteile zu entfernen. Bei einer bekannten Überempfindlichkeit isst man am besten überhaupt keine Blüten, denn alle produzieren Pollen, auch wenn die Menge von Pflanzenart zu Pflanzenart variiert.

Diese Aufstellung erhebt keinen Anspruch auf Vollständigkeit, bietet aber als Leitfaden eine breite Auswahl geeigneter Pflanzen.

Lavendel und Rosen

Alcea rosea STOCKROSE

Stockrosen sind kurzlebige Stauden, die normalerweise im zweiten Jahr blühen. Es gibt auch Hybriden, die man wie einjährige Pflanzen behandelt. Sie sind in den gemäßigten Regionen Europas und Westasiens heimisch, werden 1,5–2,5 m hoch und bringen im Sommer große, zarte weiße, gelbe, rosa, braunrote und hell- oder dunkelviolette Blüten hervor. Stockrosenblüten locken Bienen an, also Vorsicht beim Abschneiden. Von Rost befallene Blätter entfernen.

STANDORT Durchlässiger Boden und volle Sonne. Gut im hinteren Bereich von Beeten und in Bauerngärten. Die Pflanzen an ungeschützten Stellen abstützen.
VERMEHRUNG Samen für Einjährige im späten Winter aussäen, entweder in Aussaatschalen oder an Ort und Stelle; sie blühen dann im Frühling. Zweijährige Mitte des Sommers aussäen. Sie können im Herbst umgepflanzt werden. Stockrosen säen sich bereitwillig selbst aus, oft an den ungewöhnlichsten Stellen.
VERWENDUNG IN DER KÜCHE Man kann die Blüten unter Salate heben oder überzuckern und für Kuchen, Cremespeisen und Biskuitrollen verwenden.
VORBEREITUNG DER BLÜTEN Frisch geöffnete Blüten auswählen und die Blütenmitte entfernen. Alle grünen Teile wegschneiden und restliche Pollenkörner mit einem Pinsel abstreifen. Es bleiben 5 einzelne Blütenblätter zurück.

Allium schoenoprasum SCHNITTLAUCH

Ausdauernde Zwiebelpflanze, die in Europa, Asien und Nordamerika heimisch ist. Ihre hohlen, runden Blätter schmecken nach Zwiebel. Im späten Frühjahr und im Frühsommer erscheinen oben an den Halmen dichte hellviolette Dolden, die aus jeweils 30–40 glockenförmigen Blüten bestehen. Schnittlauch kann bis zu 30 cm hoch werden und bildet Horste von 25–30 cm Durchmesser.

STANDORT Sonne oder Schatten.
VERMEHRUNG Im Frühling direkt in den Garten oder in Pflanzgefäße säen. Horste im Frühling teilen und in Gruppen von 6–10 Zwiebeln neu einpflanzen.
VERWENDUNG IN DER KÜCHE Schnittlauchblüten haben ein mildes Zwiebelaroma und sind knackig. Man kann sie über Kartoffeln und Möhren streuen, unter Salate, Salatsaucen, Pastagerichte, Omeletts und Rührei mischen, Pâtés damit garnieren und Buttermischungen und Schnittlauchessig daraus zubereiten. Gegart verleihen sie einer weißen Fischsauce oder einer Käsesauce »Biss«. Die sternförmigen weißen Blüten des Schnittknoblauchs *(Allium tuberosum)* lassen sich ebenso verwenden, schmecken aber mehr nach Knoblauch als nach Zwiebel.
VORBEREITUNG DER BLÜTEN Frisch aufgeblühte Blütenköpfe nehmen. Die Halme entfernen und die einzelnen Blüten gruppenweise abschneiden.

Allium schoenoprasum (Schnittlauch)

Aloysia triphylla
ZITRONENSTRAUCH

Bedingt winterharter, laubwechselnder Strauch aus Chile und Argentinien, der bis zu 3 m hoch und breit wird. Er wurde im 17. Jahrhundert von den Spaniern nach Europa eingeführt, die ihn zur Herstellung von Duftölen anbauten. Seine schmalen, spitzen Blätter sind rau, verströmen jedoch bei Berührung einen herrlichen Zitronenduft, den auch noch die getrockneten Blätter aufweisen. Im Sommer erscheinen lange Rispen mit winzigen, zarten weißen Blüten.

STANDORT Trocken und sonnig. Muss bei Frost unter Glas geschützt werden.
VERMEHRUNG Grünstecklinge im Sommer bewurzeln.
VERWENDUNG IN DER KÜCHE Die Blüten wie auch die Blätter haben einen starken Zitronenduft und eignen sich zum Aromatisieren von Gelees, Eiscreme, Kuchen und Getränken. Die Blätter kann man, solange sie sehr jung sind, in feine Streifen schneiden und unter die anderen Zutaten mischen, oder man nimmt sie als Aromazutat und entfernt sie vor dem Servieren. So kann man sie zum Beispiel unter einen Biskuitkuchen legen oder mit Äpfeln garen und dann entfernen.
VORBEREITUNG DER BLÜTEN Die Blüten sind sehr klein und verlieren nach dem Pflücken rasch ihre Farbe. Man soll sie deshalb erst kurz vor dem Servieren schneiden. Alle grünen Teile entfernen.

Aloysia triphylla (Zitronenstrauch)

Anchusa azurea
OCHSENZUNGE

Die ausdauernde Pflanze ist in Südeuropa, Nordafrika und Westasien heimisch. Sie wächst an trockenen, sonnigen Standorten und wird bis zu 1,5 m hoch und etwa 60 cm breit. Ihre leuchtend blauen Blüten erscheinen im Frühsommer. Die Blätter sind stark behaart, ähnlich wie beim nah verwandten Borretsch. Wenn man die Rispen nach der Blüte zurückschneidet, blüht sie nochmals.

STANDORT Sonnig. Gruppen bildende Staude, gut im hinteren Bereich von Blumenbeeten oder in großen Pflanzgefäßen.
VERMEHRUNG Samen im Frühling säen. Um die Vegetationszeit dieser kurzlebigen Staude zu verlängern, die Pflanzen nach der zweiten Blüte vollständig zurückschneiden. So wird das Wachstum der grundständigen Blattrosetten gefördert, die den Winter überdauern.
VERWENDUNG IN DER KÜCHE Die Blüten sind wundervoll blau und schmecken nach grünem Salat. Sie wirken sehr dekorativ, zum Beispiel zu rosaroten Krustentieren, Lachs, Avocado oder Melone. Für einen farbenfrohen Salat kann man sie mit Ringelblumenpetalen oder Orangen vermischen. Überzuckert lassen sie sich zum Verzieren von Torten und Cremespeisen verwenden oder in Eiswürfel einfrieren.
VORBEREITUNG DER BLÜTEN Jede Blüte besteht aus 5 Petalen und ist etwa 1,5 cm groß. Die Blütenblätter im Ganzen von den grünen Teilen abziehen.

Anethum graveolens
DILL

Dill stammt ursprünglich wohl aus Südwestasien und Indien, ist heute aber auch in Europa und Nordamerika weit verbreitet. Er wird etwa 60 cm hoch und 30 cm breit. Mitte des Sommers bildet er an hohen, gerillten Stielen abgeflachte Dolden aus winzigen gelben Blüten. Die fadenähnlichen blaugrünen Blättchen sind sehr aromatisch.

STANDORT Sonnig, in durchlässigem Boden, entweder in Pflanzgefäßen oder in Beeten. Muss eventuell abgestützt werden. Wächst Dill in der Nähe von Fenchel, wird sein Aroma weniger intensiv.
VERMEHRUNG Vom späten Frühjahr an den ganzen Sommer hindurch alle 4 Wochen an Ort und Stelle aussäen.
VERWENDUNG IN DER KÜCHE Dillblüten schmecken ähnlich wie die Blätter und eignen sich für viele Salate, Gemüse, Fischgerichte und dazugehörige Mayonnaise. Blüten und Blätter kann man unter eine heiße weiße Sauce rühren, die mit Weißweinessig, Zucker, etwas Sahne und Eigelb verfeinert wurde. Schmeckt auch köstlich zu gebackenem Schinken und pochiertem Fisch. Dillblüten kann man zusätzlich oder anstelle von Dillsamen für sauer eingelegtes Gemüse, etwa Gurken oder Blumenkohl, verwenden.
VORBEREITUNG DER BLÜTEN Die Stiele entfernen und die Blüten im Ganzen verwenden.

Anethum graveolens (Dill)

Bellis perennis GÄNSEBLÜMCHEN

Das Gänseblümchen ist eine weit verbreitete, ausdauernde, immergrüne Wiesenblume aus Europa, von der es rosafarbene, weiße und rote Sorten gibt. Diese werden gewöhnlich als Zweijährige in Frühlingsbeete gepflanzt. Gänseblümchen säen sich in großer Zahl selbst aus. Die zahlreichen Blüten, die vom zeitigen Frühjahr bis zum Frühsommer erscheinen, haben eine Höhe von etwa 15 cm; die Pflanzen werden etwa 25 cm breit.

STANDORT Sonne oder lichter Schatten; in Pflanzgefäßen oder im Garten.
VERMEHRUNG Im Frühling in Einzel- oder Multitöpfe säen und die Jungpflanzen später in den Garten auspflanzen, oder direkt an Ort und Stelle aussäen. Vorhandene Pflanzen im zeitigen Frühjahr oder nach der Blüte teilen. Sie vermehren sich durch Selbstaussaat.
VERWENDUNG IN DER KÜCHE Die Blüten haben keinen ausgeprägten Geschmack, sind jedoch eine hübsche Garnierung für Nachspeisen und pikante Gerichte. Man kann mit ihnen Torten, Plätzchen, Cremespeisen und Pâtés verzieren. Junge Blätter und Blüten mischt man unter Salate. In ländlichen Gegenden Italiens und Spaniens aß man früher auch die Wurzeln.
VORBEREITUNG DER BLÜTEN Die Blütenblätter behutsam von den Blütenköpfen abzupfen. Schon eine einzige Blüte ergibt zahllose Blütenblätter.

Bellis perennis (Gänseblümchen)

Borago officinalis BORRETSCH

Die winterharte einjährige Pflanze ist in Europa heimisch. Sie wird etwa 60 cm hoch und 50 cm breit. Die 2,5 cm großen, sternförmigen Blüten, die an dicken, behaarten Stielen sitzen, erscheinen im Sommer über viele Wochen.

STANDORT Volle Sonne oder Halbschatten. Borretsch ist ideal für Bauern- oder Kräutergärten, lässt sich aber auch gut in großen Pflanzgefäßen ziehen.
VERMEHRUNG Im Frühling, wenn keine Frostgefahr mehr besteht, im Garten aussäen. Vorhandene Pflanzen vermehren sich im Garten durch Selbstaussaat.
VERWENDUNG IN DER KÜCHE Die herrlich blauen Blüten sehen wunderschön in Eiswürfeln, überzuckert auf Kuchen, in Aspik, als Dekoration auf Pâtés, in einem grünen Salat oder in Bowlen aus. Die Stengel, die nach Gurke schmecken, kann man schälen und als Salatzutat verwenden.
VORBEREITUNG DER BLÜTEN Jede Blüte hat fünf Petalen mit auffälligen schwarzen Staubgefäßen, die sich zumeist problemlos im Ganzen von den behaarten grünen Teilen abziehen lassen. Die Blütenblätter haben ein Gurkenaroma, die Staubgefäße eine süße Note.

KÜCHENTIPP
Für Asthmatiker oder Pollenallergiker lassen sich die Staubgefäße der Borretschblüten einfach entfernen.

Calendula officinalis RINGELBLUME

Ringelblumen sind schnellwachsende, winterharte einjährige Pflanzen aus Südeuropa, die eine Höhe und Breite von etwa 60 cm erreichen. Sie haben leuchtend orangefarbene, gelbe, cremeweiße oder apricotfarbene Blüten von bis zu 10 cm Durchmesser. Entfernt man verwelkte Blüten regelmäßig, bringen die Pflanzen immer neue Blüten hervor.

STANDORT Sonne oder Halbschatten; durchlässiger Boden. Ideal für farbenfrohe Pflanzungen in Beeten oder Pflanzgefäßen.
VERMEHRUNG Im zeitigen Frühjahr an Ort und Stelle aussäen. Vorhandene Pflanzen säen sich selbst aus, so dass sich im Folgejahr eine frühe Blüte ergibt.
VERWENDUNG IN DER KÜCHE Die etwas pfeffrig schmeckenden Blütenblätter, die lange Blühsaison und die intensive Farbe machen Ringelblumen zu einer sehr beliebten Küchenzutat. Früher wurden sie in großen Mengen getrocknet und in den Wintermonaten zum Aromatisieren von Suppen und Eintöpfen genommen. Außerdem stellte man Blütenzucker, Sirup und Wein daraus her, konservierte sie in Öl, legte sie in Essig ein oder verwendete sie zum Aromatisieren und Färben von Butter.
VORBEREITUNG DER BLÜTEN Blüten auswählen, die sich gerade erst geöffnet haben, und die langen Petalen dann büschelweise von den Blütenköpfen abzupfen. Sie können getrocknet werden.

Calendula officinalis (Ringelblume)

Chamaemelum nobile
RÖMISCHE KAMILLE

Römische Kamille ist eine Matten bildende Staude von etwa 30 cm Höhe und 40 cm Breite, die einen angenehmen Duft verströmt und im Sommer weiße Blüten mit gelber Mitte hervorbringt. Eine moderne Sorte ist 'Treneague'. Sie breitet sich rascher aus und riecht ebenso herrlich, ist aber niedriger und blüht nicht.

STANDORT Volle Sonne; leichter, durchlässiger Boden.
VERMEHRUNG Im Frühling teilen oder in Töpfe aussäen.
VERWENDUNG IN DER KÜCHE Die Blätter der Römischen Kamille duften herrlich nach Apfel, vor allem, wenn man sie zerreibt. Die Blütenköpfchen kann man außer für Kamillentee und Kamillenwein als Badewasserzusatz bei Sonnenbrand oder für eine Haarspülung für blondes Haar verwenden. Kamillenblütenöl war bereits im 16. Jahrhundert zu diesem Zweck geschätzt. Roh schmecken die Blüten allerdings extrem bitter.
VORBEREITUNG DER BLÜTEN Die gänseblümchenähnlichen Blüten von etwa 1,5 cm Durchmesser haben zahlreiche kleine Blütenblätter. Für Tee die ganzen Blüten verwenden. Da sie recht bitter sein können, nur wenige Blüten nehmen und den Tee nach Belieben mit Honig süßen. Kamillentee ist für seine heilende Wirkung bekannt und geschätzt. Die Blütenköpfchen lassen sich auch sehr gut trocknen.

Cichorium intybus
WEGWARTE/ZICHORIE

Diese winterharte, Gruppen bildende Staude stammt aus den trockenen, sonnigen Grasregionen des Mittelmeerraums. Sie liebt kalkhaltige Böden und kann bis zu 1,2 m hoch und 60 cm breit werden. Im Sommer erscheinen die blauen Blüten; es gibt auch weiße und rosafarbene.

STANDORT Trocken und sonnig.
VERMEHRUNG Im Frühling oder Herbst durch Aussaat in einem kalten Kasten (Frühbeet).
VERWENDUNG IN DER KÜCHE Die Blütenknospen kann man sauer einlegen, und die Blütenblätter, deren Aroma an Kopfsalat erinnert, sind eine schöne Salatzutat. Die kräftige Pfahlwurzel lässt sich als Kaffee-Ersatz rösten und mahlen. Junge Wurzeln kann man als Gemüse kochen. Die jungen Blätter eignen sich ungegart für Salate. Chicorée, bei dem es sich um gebleichte Sprosse handelt, die in Wärme und Dunkelheit aus den Wurzeln getrieben werden, ist ein beliebter Salat.
VORBEREITUNG DER BLÜTEN Die Petalen ohne die grünen Teile von den Blütenköpfen abziehen.

HINWEIS
Alle Teile der Wegwarte können zu Hautreizungen und Allergien führen, wenn man mit ihnen in Berührung kommt.

Cichorium intybus (Wegwarte)

Citrus sinensis und *Citrus limon*
ORANGE und ZITRONE

Diese kleinen immergrünen Bäume stammen ursprünglich aus Südasien und von den Inseln des Ostpazifiks. Die bezaubernd duftenden weißen Blüten erscheinen zwischen Frühling und Sommer. Sie haben 5 Blütenblätter und einen Durchmesser von etwa 4 cm. Es dauert ein Jahr, bis die Früchte herangereift sind.

STANDORT Volle Sonne; im Winter frostfrei. Große Kübel, im Sommer im Freien, in der kalten Jahreszeit im Wintergarten oder Gewächshaus. Bevorzugen neutralen oder leicht sauren Boden.
VERMEHRUNG Halbreife Stecklinge im Sommer bewurzeln. Aus Samen lassen sich Zitrusarten nicht sortenrein vermehren. Die neuen Pflanzen blühen erst nach vielen Jahren.
VERWENDUNG IN DER KÜCHE Der Duft der Blüten ist süß und kräftig, und das Aroma ist wundervoll. Sie lassen sich ausgezeichnet überzuckern und eignen sich hervorragend zum Verzieren einer Zitronentorte. Orangenblüten waren früher der besondere Schmuck des Brautkranzes und sind auch noch heute eine schöne Dekoration für Hochzeitstorten. Zitrusblüten kann man in Sirup einlegen oder zum Aromatisieren von Öl verwenden.
VORBEREITUNG DER BLÜTEN Blüten auswählen, die sich gerade erst geöffnet haben, und alle grünen Teile entfernen. Bei bestehender Pollenallergie nur die Blütenblätter essen.

Crocus sativus SAFRAN

Dieses Knollengewächs, das im Herbst blüht und 30–45 cm hoch wird, sieht mit seinen dunkler geäderten lila Blüten wie ein Krokus aus. Aus jedem Spross wachsen 1–5 Blüten.

STANDORT Safran braucht heiße, trockene Sommer, damit er blüht. Im idealen Klima Spaniens ist er weit verbreitet. Aber auch in der englischen Grafschaft Essex, rund um die Stadt Saffron Waldon, die dem Safran ihren Namen verdankt, wurde er über 200 Jahre lang angebaut.
VERMEHRUNG Trockene Knollen im Herbst pflanzen. Im Spätsommer die äußeren Sprosse abbrechen und einpflanzen.
VERWENDUNG IN DER KÜCHE Die roten Fäden zum Aromatisieren und Färben von Reis, Suppen, Brot, Kuchen und Plätzchen verwenden. Früher nahm man sie auch als Aromazutat für Kräuterliköre, Fleisch- und Fischgerichte. Der vielseitig verwendbare Safran galt einst auch als Aphrodisiakum. Die getrockneten Fäden bekommt man heute problemlos, doch ist Safran eines der teuersten Gewürze der Welt. Eine preiswertere Alternative besteht darin, die trockenen Knollen zu kaufen und sie im Herbst einzupflanzen.
VORBEREITUNG DER BLÜTEN Zur Verwendung in der Küche werden die 3 roten Fäden oder Griffel des Blütenstempels entfernt. Schon eine sehr kleine Menge ergibt eine kräftig gelbe Farbe.

Crocus sativus (Safran)

Cucurbita pepo var. *giromontiina* ZUCCHINI

Zucchini werden als Sommergemüse kultiviert. Sie wachsen rasch zu etwa 60 cm Höhe und Breite heran. Die Pflanzen regelmäßig düngen und gießen.

STANDORT Sonnig und feucht.
VERMEHRUNG Samen in kleinen Töpfen auf der Küchenfensterbank oder im Gewächshaus im zeitigen Frühjahr säen und später, wenn keine Frostgefahr mehr besteht, in den Garten oder in große Pflanzgefäße setzen.
VERWENDUNG IN DER KÜCHE Zucchiniblüten können heiß oder kalt gegessen werden. Probieren Sie sie auf provenzalische Art – in Tomatensauce gegart und auf Spinat serviert – oder essen Sie sie kalt, gefüllt mit gekochtem Reis, Kräutern, Trockenfrüchten, Nüssen, Fleisch oder Fisch, angemacht mit Mayonnaisesauce.
VORBEREITUNG DER BLÜTEN Zucchini bilden weibliche und männliche Blüten aus. Die weiblichen Blüten, mit der kleinen Frucht dahinter, sitzen an kurzen Stielen, die männlichen Blüten an längeren Stielen. Schneidet man die weiblichen Blüten ab, reifen entsprechend weniger Früchte heran, so dass es sich empfiehlt, vorwiegend männliche Blüten in der Küche zu verwenden. Die Blüten schneiden, wenn sie vollständig geöffnet und nicht nass sind. Die grünen Teile vor der Verwendung entfernen. Auf Insekten wie Käfer und Ohrenkneifer überprüfen.

Dianthus NELKE

Es gibt eine große Zahl von Nelkenarten und -sorten, und viele haben einen herrlichen Duft. Ihre Farben reichen von Weiß und Rosa bis Lila, Kirsch- und Scharlachrot. Oft haben sie unterschiedlich gefärbte Ränder und Blütenmitten, was sie besonders attraktiv aussehen lässt. Hübsche Sorten für den Garten sind beispielsweise die alte weiße Nelke 'Mrs Sinkins', beliebte Nachkriegszüchtungen wie die blassrosa Hybride 'Doris' und alle Zwergsorten der Gebirgsnelken wie die rosafarbene 'Whatfield Can-Can' oder die rosa und rubinrote 'Betty Norton'. Alle sind immergrüne Stauden, doch überdauern manche nur einige Jahre.

STANDORT Sonnig; neutraler bis alkalischer Boden.
VERMEHRUNG Stecklinge von blütenlosen Trieben im Sommer schneiden; in mit Sand vermischtes Sustrat setzen. Im Herbst umtopfen oder in den Garten pflanzen.
VERWENDUNG IN DER KÜCHE Viele Nelken haben einen gewürznelkenähnlichen Duft und sind gut zum Aromatisieren von Zucker, Öl und Essig geeignet. Überzuckert nimmt man sie zum Verzieren von Kuchen und Baisers. Im Mittelalter aromatisierte man Wein mit Nelken.
VORBEREITUNG DER BLÜTEN Die einzelnen Petalen behutsam vom Blütenkopf abziehen. Den bitteren weißen Ansatz an der Basis entfernen.

Dianthus (Nelke)

Eruca vescaria ssp. *sativa*
RAUKE

Diese schnell heranwachsende einjährige Pflanze wird etwa 60 cm hoch und bringt eine Folge stark geäderter blassgelber Blüten hervor, die später weiß werden.

STANDORT Sonne oder Halbschatten, aber feucht. Je sonniger der Standort, desto mehr Blüten bildet die Pflanze aus. Die Blüten regelmäßig abpflücken, um die Blütenbildung anzuregen.
VERMEHRUNG Samen im späten Frühjahr säen, entweder direkt an Ort und Stelle im Garten oder in mittelgroße Pflanzgefäße. Nach 2–3 Wochen ausdünnen. Für eine fortlaufende Ernte im Abstand von 4 Wochen aussäen.
VERWENDUNG IN DER KÜCHE Die Blätter und Blüten verleihen Salaten viel »Biss« und harmonieren besonders gut mit kräftigen, markanten Aromen. Rauke, Portulak und Kopfsalat ist eine schmackhafte traditionelle Salatzusammenstellung. Die Blüten können in Öl oder Essig konserviert und auch für Buttermischungen verwendet werden. Ein Steak mit Champignons und Raukenbutter ist eine wahre Delikatesse.
VORBEREITUNG DER BLÜTEN Die schlichten Blüten mit ihren 4 Petalen lassen sich mit oder ohne die dahinter befindliche halbreife Samenkapsel von den Blütenstielen pflücken. Die Samenkapsel hat ein sehr kräftiges pfeffriges Aroma und gibt der Blüte einen hervorragenden Geschmack.

Foeniculum vulgare
FENCHEL

Diese tief wurzelnde, ausdauernde Pflanze ist in Südeuropa heimisch und wächst an trockenen Standorten mit nährstoffarmen Böden. Fenchel wird etwa 1,8 m hoch, bei einem Durchmesser von etwa 50 cm. Im Spätsommer tragen die schlanken, verzweigten Stengel fadenartige Blätter und zahlreiche, etwa 10 cm große Dolden mit winzigen gelben Blüten, die das gleiche süße Anisaroma haben wie die Blätter und Stengel. Es gibt auch die hübsche bronzefarbene Sorte 'Purpureum'.

STANDORT Sonnig; durchlässiger Boden. Sehr schön im Kräutergarten, zwischen Bauernblumen, in großen Pflanzgefäßen.
VERMEHRUNG Fenchel ist recht kurzlebig und muss meist nach drei Jahren ersetzt werden. Pflanzen im Herbst teilen; oder im späten Frühjahr, wenn es keinen Frost mehr gibt, Samen an Ort und Stelle säen. Vermehrt sich gut durch Selbstaussaat.
VERWENDUNG IN DER KÜCHE Sowohl die Wurzel wie auch die Blätter, Samen und Blüten sind essbar. Kalter Lachs, Pâtés und Salate lassen sich mit den Blättern und Blüten verfeinern. Für den Winter kann man die Blüten in Öl, Essig oder Butter konservieren, oder man nimmt die Blüten und halbreifen Samen zum Einlegen von sauren Gurken oder für Sauerkraut.
VORBEREITUNG DER BLÜTEN Frisch geöffnete Blütenköpfe pflücken und den Hauptstengel abschneiden.

Foeniculum vulgare (Fenchel)

Fuchsia arborescens
BAUMFUCHSIE

Die Baumfuchsie wird auch Fliederfuchsie genannt, denn ihre Blüten ähneln in Farbe und Form dunklem Flieder. Der aufrecht wachsende immergrüne Strauch oder kleine Baum ist in Mexiko und Zentralamerika heimisch und wird bis zu 2 m hoch. Er benötigt eine Mindesttemperatur von 5 °C. Die kleinen, schlanken Blüten, die nur etwa 1,5 cm lang sind, erscheinen im Sommer in einem Schub. Die Pflanze im Frühling in einen größeren Topf umpflanzen.

STANDORT Volle Sonne und feuchte Erde. Ideal in Kübeln, die den Winter über in einen beheizten Wintergarten oder ein Gewächshaus gestellt werden können.
VERMEHRUNG Grünstecklinge im Frühjahr bewurzeln oder Samen im Frühjahr bei 15–24 °C aussäen.
VERWENDUNG IN DER KÜCHE Die kleinen Blüten passen zu jedem Salat und eignen sich gut zum Verfeinern von Fisch-Pâtés. Alle Fuchsienblüten und -früchte sind essbar, doch schmecken einige süßer als andere. Die prächtigen Sorten, die man im Sommer in den Garten pflanzt, haben wenig Aroma, sehen aber schön aus, wenn man die Blüten überzuckert und zum Verzieren von Torten, Fruchtpürees oder Obstsalaten verwendet.
VORBEREITUNG DER BLÜTEN Die frisch geöffneten Blüten schmecken sehr süß. Die kleinen Blüten von den Stielen abziehen und im Ganzen verwenden.

Pflanzenlexikon

Galium odoratum
WALDMEISTER

Waldmeister ist eine Teppich bildende ausdauernde Pflanze, die in Wäldern Europas, Nordafrikas und Russlands heimisch ist und mit ihren Blütenständen etwa 20 cm hoch wird. Die Blüten stehen wie winzige weiße Sterne über den schmalen Blättern, die in Quirlen übereinander sitzen; sie erscheinen im späten Frühjahr und im Frühsommer. Breitet sich stark aus, wurzelt aber nicht tief.

STANDORT Feucht und schattig. Eignet sich ausgezeichnet zur Randbepflanzung an Wegen in einem nach Norden gelegenen Garten. Auch in Pflanzgefäßen und Drahthängekörben wächst er gut.
VERMEHRUNG Im zeitigen Frühjahr oder nach der Blüte teilen.
VERWENDUNG IN DER KÜCHE Für sich allein schmecken die Blüten recht bitter, doch nimmt man sie gerne zum Aromatisieren von Getränken. Bei der Weinbereitung werden Blätter wie Blüten als Aromazutat verwendet. In Deutschland nimmt man sie für Maibowle aus Weißwein und Sekt, in Frankreich fügt man sie Champagner zu und in der Schweiz Cognac oder Bénédictine. Zerriebene oder getrocknete Blätter duften nach frischem Heu. Für Waldmeistertee aus Blüten und Blättern eine Hand voll Waldmeister mit 500 ml kochendem Wasser übergießen.
VORBEREITUNG DER BLÜTEN Ganze Blüten, Stengel und Blätter verwendbar.

Galium odoratum (Waldmeister)

Helianthus annuus
SONNENBLUME

Diese schnell wachsende, hohe, verzweigte einjährige Pflanze stammt aus den sonnigen Regionen Nordamerikas. Sie kann bis zu 4,5 m hoch und 60 cm breit werden. Zwergsorten sind etwa 'Pacino' mit 30 cm und 'Sunspot' mit 60 cm Höhe. Die meist gelben Blüten erscheinen zwischen Sommer und Frühherbst; rotbraun blüht zum Beispiel 'Velvet Queen' und blassgelb 'Lemon Queen'.

STANDORT Volle Sonne; vor starkem Wind geschützt.
VERMEHRUNG Im Frühjahr durch Aussaat. Die Samen in einzelne Töpfe säen und die Jungpflanzen, sobald kein Frost mehr droht, umsetzen; oder direkt an Ort und Stelle im Garten oder in Pflanzgefäße aussäen. Hohe Sorten abstützen.
VERWENDUNG IN DER KÜCHE Die Knospen können ganz verzehrt werden: 2 Minuten in gesalzenem kochendem Wasser blanchieren, um Insekten abzutöten und Bitterstoffe zu entfernen. Abspülen und in frischem kochendem Wasser weitere 3 Minuten garen. In Knoblauchbutter wenden. Die Blütenblätter kann man roh in Salaten und Pastagerichten oder in pfannengerührten Speisen genießen. Die Samen schälen und roh essen.
VORBEREITUNG DER BLÜTEN Die Knospen im Ganzen verwenden. Die Petalen erst unmittelbar vor der Zubereitung behutsam von der Blütenmitte abziehen. Die Samen erst nach der Reife ernten.

Hemerocallis
TAGLILIE

Diese Gruppen bildende Staude stammt aus den sumpfigen Flußtälern und Wiesen Japans, Chinas und Koreas. Die riemenförmigen dunkelgrünen Blätter haben je nach Kulturform eine Länge von etwa 25–120 cm, und die Blüten wachsen gewöhnlich noch etwas höher. Die Blüten halten nur einen Tag, doch erscheinen sie im Sommer über mehrere Wochen. Sie sind trompetenförmig und haben einen Durchmesser von 15 cm oder mehr. Orangefarben blühende Taglilien sind am verbreitetsten, doch gibt es auch Sorten mit weißen, gelben, rosa, roten oder dunkelvioletten Blüten.

STANDORT Feucht und sonnig. In Beeten; kleinere Sorten in Pflanzgefäßen.
VERMEHRUNG Im Frühjahr durch Teilung. Die Pflanzen alle 2–3 Jahre teilen, um ihre Wuchskraft zu erhalten.
VERWENDUNG IN DER KÜCHE Die Knospen und Blüten sind knackig und haben ein Zuckererbsenaroma mit pfeffrigem Nachgeschmack. Sie werden in China seit Jahrhunderten gegessen und eignen sich für pfannengerührte Gerichte, Suppen und Salate. Die Blütenblätter verleihen jedem Gericht Farbe. In Maßen verzehren, da sie in großen Mengen abführend und harntreibend wirken.
VORBEREITUNG DER BLÜTEN Knospen wie Blüten sind essbar; vor der Verwendung nur die Stiele entfernen.

Hemerocallis (Taglilie)

Hesperis matronalis
NACHTVIOLE

Die Nachtviole ist eine kurzlebige, in Südeuropa, Sibirien, West- und Zentralasien heimische Pflanze. Sie blüht vom späten Frühjahr bis zum Sommer und bringt Rispen mit vielen kreuzförmigen weißen, blasslila oder violetten Blüten hervor, die Bienen anlocken und abends einen betörenden Duft verströmen. Die Pflanzen werden etwa 1 m hoch und 45 cm breit. Wenn sie zu unbändig wachsen, sollte man sie anbinden oder mit Ruten abstützen.

STANDORT Sonne oder Halbschatten; neutraler oder alkalischer Boden. Ideal für Bauerngärten oder zwischen Strauchrosen.
VERMEHRUNG Nachtviolen wachsen leicht aus Samen, die im Frühling ausgesät werden. Vorhandene Beetpflanzen vermehren sich stark durch Selbstaussaat.
VERWENDUNG IN DER KÜCHE Junge Blätter schmecken ähnlich wie Rauke, das Aroma ist aber noch kräftiger. Die Blüten haben einen milden Kopfsalatgeschmack und eignen sich daher als Garnierung für viele Salate, Pâtés und Fischgerichte. Für den Winter lassen sie sich in Öl oder Essig konservieren.
VORBEREITUNG DER BLÜTEN Die Blüten können im Ganzen verzehrt werden, wenn man zuvor alle grünen Teile entfernt. Sie lassen sich auch überzuckern und zum Garnieren der verschiedensten Süßspeisen, von Kuchen und Plätzchen bis zu Obstdesserts, verwenden.

Hibiscus rosa-sinensis
HIBISKUS

Diese Pflanze ist auch als Chinesischer Roseneibisch bekannt und stammt vermutlich aus dem tropischen Asien. Sie bildet einen immergrünen buschigen Strauch oder kleinen Baum von 2,5–5 m Höhe und 1,5–3 m Durchmesser. Bei wild wachsenden Pflanzen sind die Blüten bis zu 10 cm groß, mit 5 karminroten Blütenblättern und leuchtend roten Staubgefäßen. Es gibt Sorten mit rosa, orangefarbenen, gelben oder weißen Blüten, die halbgefüllt oder gefüllt sein können. Alle sehen wunderschön aus, und obwohl sie rasch verblühen, sorgen neue Knospen für eine lange Blütezeit.

STANDORT Volle Sonne mit Winterschutz. Neutraler bis leicht saurer Boden. Mindesttemperatur 10–13 °C.
VERMEHRUNG Im Sommer halbreife Stecklinge schneiden.
VERWENDUNG IN DER KÜCHE Hibiskusblüten ergeben einen sehr beliebten Tee: Eine Blüte mit 2 Tassen heißem Wasser übergießen, etwa 4 Minuten ziehen lassen. Der Tee hat ein angenehm mildes Zitrusaroma, das ausgezeichnet durch Rosmarin ergänzt wird. Diese Kombination soll aphrodisische Wirkung haben.
VORBEREITUNG DER BLÜTEN Blüten schneiden, die sich gerade erst geöffnet haben, und die Petalen von den Blütenköpfen zupfen oder die Blüten im Ganzen verwenden. Vorsicht bei Pollenallergie.

Hibiscus rosa-sinensis (Hibiskus)

Humulus lupulus
HOPFEN

Hopfen wächst in vielen gemäßigten Klimaregionen der nördlichen Hemisphäre. Er ist eine schnellwüchsige Kletterpflanze mit bis zu 6 m langen Trieben, die im Herbst absterben und im folgenden Frühjahr wieder rasch heranwachsen. Im Hoch- und Spätsommer erscheinen kleine männliche und weibliche Blüten an separaten Pflanzen. Die Sorte 'Aureus' hat goldgelbe Blätter.

STANDORT Sonne oder Halbschatten. Wächst in Hecken und lässt sich zum Begrünen von Mauern oder Pergolen verwenden, braucht aber Kletterhilfe.
VERMEHRUNG Im Frühling Grünstecklinge bewurzeln oder Samen aussäen. Goldblättrige Kulturformen lassen sich zumeist nicht sortenrein aus Samen nachziehen.
VERWENDUNG IN DER KÜCHE Die weiblichen Blütenzapfen werden getrocknet und für Hopfenwein oder selbst gebrautes Bier verwendet. Die männlichen Blütenrispen kann man ebenso wie die Sprosse und Rankenspitzen der Pflanzen wie Spargel zubereiten: In gesalzenem Wasser mit etwas Zitronensaft garen und zum Servieren in Butter wenden.
VORBEREITUNG DER BLÜTEN Die duftenden weiblichen Blütenzapfen hängen in Trauben von den Trieben. Sie werden im Spätsommer geerntet und im Ganzen verwendet. Die männlichen Blüten an den Rispen sollen beim Schneiden noch nicht ganz geöffnet sein.

Hyssopus officinalis
YSOP

Diese aromatische strauchartige Pflanze stammt aus Südeuropa. Sie wird etwa 60 cm hoch und bis zu 1 m breit, kann durch regelmäßiges Beschneiden jedoch kompakt gehalten werden. Vom Hochsommer bis zum Herbst bringt sie hohe, schlanke Rispen mit trichterförmigen dunkelblauen Blüten von etwa 1,5 cm Länge hervor. Die Blüten können auch weiß, violett oder rosa sein. Ysop lockt Schmetterlinge und Bienen an.

STANDORT Leichter sandiger oder alkalischer Boden; Sonne oder Halbschatten. Eignet sich gut als Beeteinfassung, für ein Kräuterbeet oder einen Bauerngarten. Lässt sich auch in Pflanzgefäßen ziehen.
VERMEHRUNG Samen im Herbst oder zeitigen Frühjahr säen. Stecklinge im Frühsommer von blütenlosen Trieben.
VERWENDUNG IN DER KÜCHE Ysopspitzen und -blüten wurden früher für Suppen und Salate verwendet, und auch Ysoptee und -sirup waren sehr beliebt. Ysop fördert die Verdauung nach dem Genuss von fettem Fleisch oder Fisch und ist eine interessante Zutat für Salatsaucen. Die Blüten lassen sich zum Aromatisieren von Essig, Öl und Butter nehmen. Außerdem kann man Fruchtsaucen, etwa Preiselbeersauce, damit verfeinern.
VORBEREITUNG DER BLÜTEN Die Blüten von den Stielen zupfen. Entfernt man alle grünen Teile, ist ihr Aroma milder.

Hyssopus officinalis (Ysop)

Lavandula angustifolia
LAVENDEL

Der Halbstrauch mit den aromatischen graugrünen Blättern wird je nach Art oder Sorte bis zu 1 m hoch und 1,2 m breit. Er ist an trockenen, sonnigen Orten des Mittelmeerraums heimisch. Seine röhrenförmigen, zweilippigen Blüten duften intensiv; ihr reichlicher Nektar zieht Bienen an. Die Blüten sind zu hohen, dichten Ähren angeordnet und können dunkelviolett ('Hidcote'), lila ('Munstead'), rosa ('Loddon Pink') oder weiß ('Nana Alba') sein.

STANDORT Sonnige Beete, zwischen Rosen, an einem Weg oder in Pflanzgefäßen.
VERMEHRUNG Samen im Frühjahr in einen kalten Kasten (Frühbeet) säen. Im Sommer halbreife Stecklinge schneiden.
VERWENDUNG IN DER KÜCHE Lavendelblüten eignen sich für viele süße wie pikante Zubereitungen. In der Vergangenheit nahm man Lavendelzucker als Aromazutat für Plätzchen, Sorbets und Gelee. Außerdem verwendet man ihn zum Würzen von Geflügel, auch zusammen mit anderen provenzalischen Kräutern wie Thymian und Oregano. Die Blüten können auch in Öl konserviert oder für Tee verwendet werden.
VORBEREITUNG DER BLÜTEN Die Blüten sind sehr klein, aber zahlreich. Je nach Verwendung die Blüten am Stiel belassen oder behutsam abzupfen beziehungsweise vom Kelch abziehen. Blüten wählen, die sich gerade erst geöffnet haben.

Lilium lancifolium (syn. *Lilium tigrinum*)
TIGERLILIE

Die Tigerlilie ist eine stengelwurzelnde Lilie, die in Japan, China und Korea heimisch ist. Sie wird zwischen 60 cm und 1,5 m hoch und trägt im Spätsommer und Frühherbst bis zu 40 duftlose, turbanförmige Blüten in leuchtendem Orangerot mit dunkelroten Flecken. 'Enchantment' ist eine nahe Verwandte der asiatischen Hybride. Sie ist leicht zu ziehen und hat hellorangefarbene Blüten mit schwarzen Tupfen im Inneren, die sich im Frühsommer öffnen.

STANDORT Die Tigerlilie bevorzugt einen feuchten, sauren Boden, verträgt aber auch etwas Kalk. 'Enchantment' wächst problemlos in verschiedenen Bodentypen. Die Pflanzen so in Beete oder Pflanzgefäße setzen, dass die Blüten von der Sonne beschienen werden, die Basis der Pflanzen aber etwas Schatten haben.
VERMEHRUNG Die Tigerlilie ist eine Gruppen bildende Zwiebelpflanze, die sich durch Tochterzwiebeln vermehrt.
VERWENDUNG IN DER KÜCHE Ganze Blüten verleihen Geflügel, insbesondere Ente, ein herrliches Aroma. Die Blütenblätter können zerzupft und entweder gegart als Fischfülle oder ungegart in einer Vinaigrette für Salat verwendet werden.

Lilium lancifolium (Tigerlilie)

VORBEREITUNG DER BLÜTEN Ganze Blüten oder Petalen für gegarte Gerichte nehmen, für Salate nur die Petalen.

Melissa officinalis 'Aurea'
ZITRONENMELISSE

Zitronenmelisse ist eine Staude, die aus Südeuropa stammt. Sie wird etwa 1 m hoch und 45 cm breit. Im Sommer erscheinen in den Blattachseln kleine, röhrenförmige blassgelbe bis weiße Blüten. Die Blätter sind normalerweise schlicht grün, aber es gibt auch eine Sorte mit goldgelben Blättern, 'All Gold', sowie die Sorte 'Aurea' mit goldgelb gesprenkelten Blättern. Die Blüten sind so anziehend für Bienen, dass die Pflanze volkstümlich auch Bienenkraut oder Bienenfang heißt.

STANDORT Sonnig, doch bevorzugen die goldblättrigen Sorten für einen Teil des Tages lichten Schatten. Kann man in Töpfen oder im Garten ziehen. Voll frostfest.
VERMEHRUNG Samen im Frühjahr in einem kalten Kasten (Frühbeet) aussäen; oder vorhandene Pflanzen im zeitigen Frühjahr oder im Herbst teilen.
VERWENDUNG IN DER KÜCHE Die Blüten sind klein, eignen sich aber zur Zubereitung von Blütenölen und Salatsaucen oder zum Verfeinern von Hühnersuppe und Füllungen. Die Blätter besitzen ein ausgeprägtes Zitronenaroma, das am besten ist, wenn sich die Blüten zu öffnen beginnen. Sie lassen sich für jede Art von Salat und Vinaigrette verwenden. Man kann auch einen Tee aus den Blättern zubereiten, der gegen Erkältungsbeschwerden und Niedergeschlagenheit hilft.
VORBEREITUNG DER BLÜTEN Die kleinen Blüten abzupfen und ganz verzehren.

Mentha suaveolens
APFELMINZE

Diese weit verbreitete, in West- und Südeuropa heimische Staudenpflanze wird bis zu 1 m hoch und breitet sich stark aus. Im Sommer erscheinen winzige, röhrenförmige rosarote oder weiße Blüten in dichten Ähren. Die Ananasminze ist eine bunte Varietät mit cremeweißen Blatträndern und Ananasduft. Es gibt noch viele andere Minzearten, wie Edelminze, Pfefferminze, Ährenminze, Lavendelminze. Die Blüten lassen sich alle in der Küche verwenden und ziehen Bienen an.

STANDORT Sonnig und feucht. Im Kräuterbeet ihren Wuchs begrenzen, da sie sich sonst stark ausbreitet. Ausgezeichnet für Pflanzgefäße und Drahthängekörbe.
VERMEHRUNG Samen im Frühjahr säen. Kleine Minzetriebe in Wasser bewurzeln lassen und eintopfen. Vorhandene Pflanzen im Frühjahr oder im Herbst teilen. Rhizomabschnitte wurzeln während der Wachstumsphase zu jeder Zeit an und brauchen nur in Töpfe gesetzt zu werden.
VERWENDUNG IN DER KÜCHE Minzeblüten eignen sich ausgezeichnet für Öle, Essig und Buttermischungen, für süße und pikante Speisen. Ihr Aroma harmoniert auch herrlich mit Schokolade.
VORBEREITUNG DER BLÜTEN Die Blüten einzeln von den Stielen zupfen, so dass die grünen Teile zurückbleiben. Für Blütenöl oder -essig oder zum Garnieren ganze Blütenköpfe verwenden.

Mentha spicata (Ährenminze)

Monarda didyma
INDIANERNESSEL

Die ausdauernde Pflanze stammt aus den Prärien und Waldregionen Nordamerikas. Es gibt viele Kulturformen, etwa die blass lilarosa 'Beauty of Cobham', die rosa 'Croftway Pink' und die rote 'Cambridge Scarlet'. Die wild wachsende Indianernessel, *Monarda fistulosa*, hat lavendelrosa Blüten und ein intensives Aroma. Die Pflanzen werden ungefähr 1 m hoch und 45 cm breit. Sie blühen vom Hoch- bis zum Spätsommer und locken Bienen an.

STANDORT Sonne oder lichter Schatten.
VERMEHRUNG Samen im Frühling säen. Vorhandene Pflanzen alle zwei Jahre vor dem Austreiben im Frühling teilen.
VERWENDUNG IN DER KÜCHE Die farbenfrohen Blütenblätter haben ein süßes, würziges Aroma und eignen sich – sparsam verwendet – zum Verfeinern der verschiedensten Pasta- und Reisgerichte. Die Blüten wie auch die Blätter kann man für Füllungen, Salate oder Gelees nehmen. Die nordamerikanischen Indianer vom Ontariosee bereiteten Tee aus den Pflanzen zu, der nach der Boston Tea Party von 1773 bei den europäischen Siedlern ein beliebter Ersatz für schwarzen Tee war. Earl-Grey-Tee bekommt ein herrliches Aroma, wenn man ihm 15 ml (1 EL) junge Indianernesselblätter zufügt.
VORBEREITUNG DER BLÜTEN Die röhrenförmigen Petalen einzeln abzupfen und ganz verwenden. Das beste Aroma besitzen frisch geöffnete Blüten.

Myrrhis odorata SÜSSDOLDE

Die auch als Myrrhenkerbel bekannte kräftige Staude stammt aus Südeuropa und kann bis zu 2 m hoch und 1 m breit werden. Ihre gefiederten grünen Blätter sind oft weiß gefleckt. Die Blütendolden erscheinen im späten Frühjahr und im Frühsommer. Blätter, Stengel und Blüten riechen beim Zerreiben nach Anis, was sie vom Wiesenkerbel unterscheidet, dem die Süßdolde recht ähnlich sieht.

STANDORT Feucht; lichter Schatten.
VERMEHRUNG Samen im Frühling säen – entweder direkt an Ort und Stelle im Garten oder in Pflanzgefäße, oder in Einzeltöpfe und die Sämlinge später, wenn keine Frostgefahr mehr besteht, auspflanzen. Vorhandene Pflanzen säen sich problemlos selbst aus. Damit sie sich nicht allzu stark ausbreiten, die halbreifen Samen abschneiden, denn die tiefen Wurzeln lassen sich später nur schwer entfernen.
VERWENDUNG IN DER KÜCHE Die Blüten haben ein mildes Anisaroma, das zu Fisch, grünen Salaten und Obstsalaten passt. Man kann sie auch zusammen mit halbreifen Samen und gerösteten roten Paprikaschoten garen. Gekochtem Rhabarber nehmen die Blätter die Säure.
VORBEREITUNG DER BLÜTEN Blüten, Blätter und halbreife Samen sind essbar. Die Blüten zur Verwendung in der Küche von den Stielen schneiden, am besten, wenn sie sich gerade geöffnet haben.

Myrrhis odorata (Süßdolde)

Ocimum basilicum BASILIKUM

Die einjährige Pflanze (oder kurzlebige Staude) stammt aus den heißen, trockenen subtropischen Regionen Afrikas und Asiens. Heute wird Basilikum überall auf der Welt kultiviert. Es wächst 30–60 cm hoch und ebenso breit. Im Spätsommer erscheinen an den Trieben Wirtel aus jeweils 6 kleinen, röhrenförmigen Blüten. Gewöhnlich sind sie weiß, doch können sie auch rosa oder violett sein. Es gibt mehrere Sorten mit dunkelvioletten Blätter, darunter 'Purple Ruffles' und 'Dark Opal', die hübsche violettrosa Blüten tragen. Basilikum und Tomaten sind eine ideale Mischkultur, denn das Basilikum schützt die Tomaten vor Schadinsekten wie der Weißen Fliege.

STANDORT Volle Sonne. Kann in Töpfen oder im Garten kultiviert werden. Erst ab Sommermitte ins Freie stellen.
VERMEHRUNG Samen im Frühling bei 13 °C im Haus säen oder im Frühsommer direkt an Ort und Stelle im Garten.
VERWENDUNG IN DER KÜCHE Die Blüten sind köstlich süß und haben ein kräftiges Gewürznelkenaroma. Man kann sie für Blütenöle, Salatsaucen, zum Verfeinern von Suppen oder zum Bestreuen von gerösteten Auberginen und Tomaten nehmen. Die Blätter haben ein wundervolles Aroma und passen zu Pasta und Pizza.
VORBEREITUNG DER BLÜTEN Die kleinen Blüten ganz verwenden; sie lassen sich leicht von den Kelchen abziehen.

Oenothera biennis SCHINKENKRAUT

Schinkenkraut, auch als Rapontikawurzel bekannt, wird gewöhnlich als zweijährige Pflanze gezogen. Sie stammt aus dem Osten Nordamerikas, ist heute aber in vielen Teilen der Erde heimisch. Sie wird 1–1,5 m hoch und etwa 60 cm breit. Ihre etwa 5 cm großen, becherförmigen gelben Blüten duften zart und erscheinen vom Hochsommer bis zum Herbst. Sie öffnen sich abends.

STANDORT Bevorzugt sonnige, trockene Standorte; toleriert aber auch andere.
VERMEHRUNG Im Frühling im Haus aussäen; wenn kein Frost mehr droht, ins Freie pflanzen. In leichtem Boden säen sich vorhandene Pflanzen gut selbst aus.
VERWENDUNG IN DER KÜCHE Die wunderschönen Blüten schmecken wie Kopfsalat; man kann sie, wie auch die Knospen, fast jedem Salat hinzufügen. Bei den nordamerikanischen Indianern wurden Blätter und Stengel ihrer Heilwirkung wegen geschätzt. Die Samen werden zur Linderung prämenstrueller Beschwerden verwendet. Die gekochte Wurzel schmeckt wie süße Pastinaken. Samen kann man zum Backen wie Mohnsamen verwenden.
VORBEREITUNG DER BLÜTEN Die ganzen Blüten sind essbar. Da sie sich jedoch erst abends öffnen und gewöhnlich gegen Mittag wieder schließen, stehen geöffnete Blüten nicht jederzeit zur Verfügung. Die Knospen sind jedoch ebenfalls essbar.

Oenothera biennis (Schinkenkraut)

Origanum vulgare
OREGANO/WILDER MAJORAN

Diese buschige, an der Basis verholzte Staude wächst wild von Europa bis Zentralasien. Sie liebt kalkhaltige Böden und erreicht eine Höhe und Breite von 30–90 cm. Ihre hellvioletten, rosaroten oder weißen Blüten sind nur knapp 5 mm lang und zu dichten Büscheln angeordnet. Sie erscheinen zwischen Hochsommer und Frühherbst und locken viele Bienen und Schmetterlinge an.

STANDORT Volle Sonne; goldblättrige Sorten bevorzugen Halbschatten. Durchlässiger, am besten alkalischer Boden. Ausgezeichnet für Wegränder, Kräutergärten oder Pflanzgefäße geeignet.
VERMEHRUNG Samen im Herbst in einen kalten Kasten (Frühbeet) oder im Frühling aussäen. Im Frühjahr oder Frühherbst teilen. Vermehrt sich leicht durch Selbstaussaat. Überhängende Zweige, die auf der Erde liegen, wurzeln bereitwillig an.
VERWENDUNG IN DER KÜCHE Die kleinen aromatischen Blüten passen gut zu Geflügelgerichten und Fisch. Sie können auch in Öl, Essig oder Butter konserviert werden. Blühende Triebe ergeben einen wohlschmeckenden Tee. Die Blüten harmonieren gut mit traditionellen Pizzazutaten. Die Pizza vor dem Backen mit 15 ml (1 EL) Oreganoblüten bestreuen und mit etwas Oregano-Öl beträufeln.
VORBEREITUNG DER BLÜTEN Die frisch geöffneten Blüten mit den grünen Teilen oder ohne sie abpflücken.

Pelargonium
DUFTPELARGONIE

Duftpelargonien sind zarte, immergrüne Stauden, die unter frostfreien Bedingungen zu recht stattlichen Büschen von 30–100 cm Höhe heranwachsen. Sie haben ungefüllte blassrosa, rosarote, violettrosa oder weiße Blüten, die in den Sommermonaten und bei warmen Temperaturen bis weit in den Herbst hinein erscheinen. Die Blätter duften intensiv, wenn man sie berührt, die Blüten aber kaum. Die Blätter können nach Orange riechen, wie bei 'Prince of Orange', nach Zitrone, wie bei *Pelargonium crispum* 'Variegatum', oder nach Rosen, wie bei 'Attar of Roses' und 'Capitatum'. Ein weiterer Duft ist Muskatnuss.

STANDORT Volle Sonne. Ausgezeichnet für Töpfe und sonstige Pflanzgefäße geeignet, die den Winter über frostfrei stehen.
VERMEHRUNG Im Frühjahr oder Herbst Stecklinge von blütenlosen Trieben schneiden und in kleinen Töpfen bewurzeln.
VERWENDUNG IN DER KÜCHE Die Blätter sind überaus aromatisch und verleihen Biskuit, wenn sie beim Backen unter dem Teig liegen, einen wundervollen Geschmack. Frisch geöffnete Blüten haben ein leichtes Zitrusaroma ähnlich dem der Blätter. Sie können überzuckert und zum Garnieren von Desserts verwendet werden.
VORBEREITUNG DER BLÜTEN Die Blüten schneiden, wenn sie sich gerade geöffnet haben. Die Petalen vom Kelch abzupfen.

Pelargonium (Duftpelargonie)

Primula veris
SCHLÜSSELBLUME

Schlüsselblumen sind immergrüne oder halbimmergrüne Stauden, die in Europa und Westasien wild auf Wiesen wachsen. Ihre kleinen gelben Blüten, die an langen Stielen Dolden bilden, erscheinen im Frühling. Sobald sie bestäubt sind, neigen sie sich nach unten. Schlüsselblumen werden etwa 25 cm hoch und ebenso breit.

STANDORT Sonne oder Halbschatten; feuchter, durchlässiger Boden. Gut für Bauerngärten, Grasflächen, Pflanzgefäße.
VERMEHRUNG Samen im zeitigen Frühjahr in einem kalten Kasten (Frühbeet) aussäen. Vorhandene Pflanzen im späten Winter teilen. Selbstaussaat auf Wiesen, Kies oder in Blumenbeeten.
VERWENDUNG IN DER KÜCHE Wegen ihres herrlichen Honigdufts gehören sie zu den beliebtesten essbaren Blüten. Man kann sie mit Zucker und Weißweinesig einlegen oder Schlüsselblumenwein zubereiten, der oft mit Orange und Zitrone aromatisiert wird. Für Schlüsselblumenmet fügt man sie einem Sirup aus Honig und Wasser zu, der mit Zitrone und Weinrose aromatisiert ist. Die jungen Blätter können in Salaten gegessen werden. Überzuckert lassen sie sich – etwa zu Ostern oder am Muttertag – zum Garnieren von Torten und Plätzchen verwenden.
VORBEREITUNG DER BLÜTEN Die Blüten vorsichtig von den grünen Kelchen abziehen; sie sitzen nicht sehr fest. Grüne Verdickungen am unteren Ende entfernen.

Primula vulgaris
KISSENPRIMEL

Die Kissenprimel ist in Europa und der Westtürkei heimisch. Sie ist eine immergrüne oder – in sehr trockenen Jahren – halbimmergrüne Staude, die sich an halbschattigen Standorten stark durch Selbstaussaat vermehrt und verwildert. Die blassgelben Blüten erscheinen vom zeitigen bis zum späten Frühjahr in großer Zahl. Ältere Pflanzen erreichen einen Durchmesser von etwa 35 cm.

STANDORT Halbschatten. Wächst gut in Pflanzgefäßen, Gartenbeeten, unter Hecken und Bäumen.
VERMEHRUNG Vermehrt sich auf Wiesen, unter Bäumen, in Kies- oder Blumenbeeten durch Selbstaussaat. Kann im Frühling oder Herbst geteilt werden.
VERWENDUNG IN DER KÜCHE Frische Blüten über Salate oder mit Obst gefüllte Baisers streuen. Überzuckerte Blüten zum Garnieren von Kuchen, Plätzchen und Trifles nehmen. Die Blätter können frisch oder getrocknet für Tee verwendet werden. Die Blüten lassen sich gut in Eiswürfeln einfrieren oder zusammen mit anderen Frühlingsblumen, wie Veilchen, Stiefmütterchen und Schlüsselblumen, für eine dekorative Eisschale verwenden. Darin ein Zitronensorbet servieren, das mit überzuckerten Primeln garniert ist.

Primula vulgaris (Kissenprimel)

VORBEREITUNG DER BLÜTEN Die Blüten im Ganzen von den Kelchen abziehen.

Rosa
ROSE

Rosen sind aufgrund ihrer Vielfalt besonders beliebt. Manche haben überhängende Triebe, andere klettern und wieder andere wachsen zu buschigen Sträuchern heran. Rosen gibt es in unzähligen Farben, darunter Weiß, Gelb, Rosa, Rot und Orange. Intensiv duftende schmecken auch köstlich. Die rosa 'Louise Odier' und 'Gertrude Jekyll' sind beliebte Sorten; die gefüllte hellrosa 'Cécile Brunner' sieht überzuckert besonders prächtig aus.

STANDORT Sonnig und feucht. In Beeten oder aber in Pflanzgefäßen; sehr schön 'Gertrude Jekyll' in Holzkübeln oder Rosen der 'County Series' in Hängekörben.
VERMEHRUNG Nach Seite 137 verfahren oder im Frühherbst verholzte Stecklinge schneiden und im darauffolgenden Frühjahr in Beete pflanzen.
VERWENDUNG IN DER KÜCHE Alle Rosenblüten sind essbar, doch unterscheiden sie sich sehr im Aroma: Je schöner der Duft, desto besser der Geschmack. Besonders gut kommt ihr Aroma zur Geltung, wenn man sie überzuckert. Man kann auch Rosenblütengelee, Rosenbonbons, Damaszenerrosensirup oder Rosenhonig daraus zubereiten. Aus Moschusrosen, Zucker und Wasser lässt sich eine Art Rosenwasser herstellen.
VORBEREITUNG DER BLÜTEN Die Blüten schneiden, kurz nachdem sie sich geöffnet haben. Die Petalen abzupfen und den weißen Ansatz an der Basis entfernen.

Rosmarinus officinalis
ROSMARIN

Der immergrüne Strauch stammt aus den sonnigen Gestrüpp- und Buschgebieten des Mittelmeerraums. Die schmalen Blätter sind äußerst aromatisch. Die Blüten, die an den oberen Blattachseln sitzen, erscheinen im späten Frühling und Frühsommer in großer Zahl über viele Wochen. Mitunter blüht Rosmarin im Herbst ein zweites Mal. Die hübschen Blüten sind nur 1 cm lang, aber reich an Aroma. Die Blütenfarbe variiert je nach Sorte und reicht von einem leuchtenden Blau bei 'Benenden Blue' bis zu Rosa bei 'Roseus' und 'Majorca Pink'.

STANDORT Volle Sonne.
VERMEHRUNG Samen im Frühjahr in einen kalten Kasten (Frühbeet) säen. Halbreife Stecklinge von blütenlosen Trieben im Sommer bewurzeln.
VERWENDUNG IN DER KÜCHE Die Blüten kann man auf vielerlei Weise verwenden. Ihre Süße wird durch Überzuckern betont. Rosmarinbutter passt gut zu Bagels und Käsecrackern, Kartoffelpüree mit Rosmarinblüten gut zu Lammbraten. Einige Tropfen Rosmarinöl und einige darüber gestreute Blüten geben Tomatensalat eine besondere Note.
VORBEREITUNG DER BLÜTEN Frisch geöffnete Blüten pflücken und alle grünen Teile entfernen. Die Blüten schmecken wie die Blätter, haben aber ein sehr süßes Nektararoma an der Basis.

Rosmarinus officinalis (Rosmarin)

Salvia officinalis
SALBEI

Salbei gehört zu einer großen Pflanzengattung, die überall auf der Welt in tropischen wie gemäßigten Regionen vorkommt. Der Gartensalbei, eine immergrüne Staude aus dem Mittelmeerraum und Nordafrika, wird etwa 80 cm hoch und bis zu 1 m breit. Er hat graue, dunkelviolette oder gelbbunte Blätter und röhrenförmige blaue, violette oder rote Blüten.

STANDORT Volle Sonne oder lichter Schatten; durchlässiger Boden. Ideal für Kräuterbeete und Pflanzgefäße.
VERMEHRUNG Im Spätsommer Stecklinge schneiden und bewurzeln. Lässt sich im Frühsommer, wenn keine Frostgefahr mehr besteht, auch im Freiland aussäen.
VERWENDUNG IN DER KÜCHE Die Blüten schmecken wie die Blätter und lassen sich auf vielfältige Weise verwenden. Sie eignen sich ideal für Öle, Essig und Buttermischungen und sind eine farbenfrohe Zutat für Salate und Pâtés, Senf und Vinaigrette. Früher wurden Salbeiblüten im Gewichtsverhältnis 1 : 1 in Zucker eingelegt. Alle Salbeiblüten sind essbar, wobei Muskatellersalbei *(Salvia sclarea)* und Ananassalbei *(Salvia elegans)* besonders süß und köstlich sind. Da die Blüten beim Erhitzen braun werden, verwendet man sie am besten roh.
VORBEREITUNG DER BLÜTEN Die Blüten lassen sich leicht von den langen Blütenrispen abziehen. Alle grünen oder braunen Teile an der Basis entfernen.

Sambucus nigra
SCHWARZER HOLUNDER

Dieser frostharte Strauch oder Baum, der in Europa, Nordafrika und Südwestasien vorkommt, wird bis zu 6 m hoch und breit. Die weißen, nach Moschus duftenden Blüten erscheinen im Frühsommer in Trugdolden und reifen im Herbst zu schwarzen Beeren. Es gibt auch goldblättrige, bronzeblättrige sowie bunte Formen.

STANDORT Sonnig; auch Halbschatten. Zu große Pflanzen zurückschneiden.
VERMEHRUNG Entweder im Sommer durch halbreife Stecklinge mit noch grünem Holz, oder im Herbst durch Samen.
VERWENDUNG IN DER KÜCHE Holunderblüten und -beeren werden zur Weinbereitung verwendet. Holunderblütensirup, -saft, -likör und -sekt sind seit Jahrhunderten beliebt. Gelees und Marmeladen erhalten durch Holunderblüten (in einem Käseleinensäckchen mitkochen) ein besonderes Aroma. Kleine Blütenstände kann man in Teig tauchen und ausbacken.
VORBEREITUNG DER BLÜTEN Blütenstände mit frisch geöffneten Blüten pflücken und zum Entfernen von Insekten in Salzwasser tauchen. Die Stiele abschneiden.

HINWEIS
Der Kontakt mit Holunderblättern kann zu Hautreizungen führen. Keine unreifen Beeren essen. Reife Beeren vor dem Verzehr kochen.

Sambucus nigra (Schwarzer Holunder)

Taraxacum officinale
LÖWENZAHN

Löwenzahn ist eine ausdauernde Pflanze, die auf Grasflächen in Nord- und Mitteleuropa wächst. Sie wird etwa 20 cm hoch und breit. Die Blüten erscheinen vom zeitigen Frühjahr an den ganzen Sommer hindurch.

STANDORT Grasflächen, frisch umgebrochene Flächen, Wege, Beete – im Grunde überall.
VERMEHRUNG Löwenzahn siedelt sich praktisch in jedem Garten an und vermehrt sich reichlich durch Selbstaussaat.
VERWENDUNG IN DER KÜCHE Die Blätter können wie Chicorée blanchiert, in Streifen geschnitten und als Salat zubereitet werden. Die Blätter verwenden, bevor die Pflanzen zu blühen beginnen, da sie später bitter schmecken. Früher nahm man die ganze Pflanze, einschließlich der Wurzel, zur Herstellung von Löwenzahnbier. Die Wurzeln können für Löwenzahnkaffee geröstet und gemahlen werden, während man für Löwenzahntee einfach einige Blüten mit kochendem Wasser übergießt. Die Blüten ergeben einen guten Wein, und mit den Blütenblättern kann man Salate garnieren.
VORBEREITUNG DER BLÜTEN Die Blütenköpfe für Wein, Tee oder Salate ganz belassen, aber alle grünen Teile entfernen. Blüten für Salate erst in letzter Minute aus dem Garten holen, da sie sich nach dem Pflücken rasch schließen. Oder die Petalen abzupfen und einzeln verwenden.

Thymus vulgaris
THYMIAN

Diese winterharte immergrüne Pflanze kommt vom westlichen Mittelmeerraum bis nach Süditalien in trockenem Grasland auf kalkhaltigen Böden vor. Sie wird 15–30 cm hoch und etwa 40 cm breit und hat Büschel aus kleinen weißen oder violetten Blüten. Zerriebene Blätter duften intensiv. Besonders empfehlenswerte Sorten sind 'Doone Valley' mit goldgefleckten Blättern sowie 'Citriodorus', die beide nach Zitrone duften.

STANDORT Thymian ist ein guter Bodendecker und wächst auch gut in Pflanzgefäßen. Pflanzen Sie ihn mit Lavendel in einen Hängekorb mit Sommerkräutern, oder zusammen mit Petersilie und Lorbeer, den Zutaten für ein Bouquet garni.
VERMEHRUNG Samen im Frühjahr säen. Im Frühjahr oder Sommer bewurzelte Sprossabschnitte vereinzeln.
VERWENDUNG IN DER KÜCHE Thymian ist ein überaus nützliches Küchenkraut und gehört zusammen mit Petersilie und Lorbeer in ein klassisches Bouquet garni. Die Blüten haben ein kräftiges Aroma, ähnlich wie die Blätter, und eignen sich daher ideal zum Aromatisieren von Öl, Essig und Butter, die man für frisch gegartes Gemüse wie Möhren oder Champignons verwendet.
VORBEREITUNG DER BLÜTEN Die Blüten vorsichtig von den Stielen zupfen, so dass die grünen Teile zurückbleiben. Man kann auch ganze Blütenköpfe verwenden.

Thymus vulgaris (Thymian)

Tilia x europaea
(HOLLÄNDISCHE) LINDE

Ein großer sommergrüner Laubbaum, der in weiten Teilen Europas vorkommt und eine Höhe von 35 m und einen Kronendurchmesser von 15 m erreichen kann. Es gibt noch eine Reihe weiterer Lindenarten, darunter die Amerikanische Linde *(Tilia americana)* aus dem Osten Nordamerikas. Die verschiedenen Arten kreuzen sich auf natürlichem Wege, so dass Hybriden entstehen. Im Sommer tragen die Bäume blassgelbe Blüten, die meist in Trugdolden nach unten hängen. Sie haben einen feinen Duft, locken Bienen an und spenden guten Honig.

STANDORT Dieser große Baum eignet sich nur für sehr große Gärten.
VERMEHRUNG Samen, sobald sie im Herbst reif sind, in ein Saatbeet säen.
VERWENDUNG IN DER KÜCHE Der häufigste Verwendungszweck ist Lindenblütentee, für den man Lindenblüten im Schatten trocknet und in einem luftdicht verschlossenen Behälter aufbewahrt. Pro Tasse 5 ml (1 TL) Lindenblüten nehmen und einige Minuten ziehen lassen. Nach Belieben mit Honig süßen. Früher fügte man oft ein Orangenblatt oder Zitrone hinzu. Lindenblütentee wirkt beruhigend, krampflösend und schweißtreibend.
VORBEREITUNG DER BLÜTEN Die Blüten pflücken, wenn sie sich gerade zu öffnen beginnen, und von den Stielen zupfen. Sie können getrocknet und zur späteren Verwendung aufbewahrt werden.

Trifolium pratense
ROTKLEE/WIESENKLEE

Rotklee lockt Bienen, Hummeln, Schmetterlinge und andere Insekten an. Er hat große, dichte, kugelige Blütenköpfe, die aus 30 oder mehr Blütenblättern bestehen. Es gibt zahlreiche Arten von rotem und weißem Klee. Man kann sie alle in der Küche verwenden, doch ist Rotklee für Getränke am beliebtesten.

STANDORT Offener sonniger Standort; ideal für Grasflächen.
VERMEHRUNG Samen im Frühling an Ort und Stelle aussäen.
VERWENDUNG IN DER KÜCHE Man kann die Blütenblätter über grüne Salate oder Obstsalate streuen oder in Eiswürfel einfrieren. Ganze Blüten lassen sich für Kleewein verwenden, für den man Kleeblüten und Wasser im Verhältnis 1 : 1 ansetzt, mit Orangen- oder Zitronenschale aromatisiert und Hefe zugibt. Roter Klee diente den amerikanischen Indianern früher als Nahrungsmittel. In ländlichen Gegenden Nordeuropas wurden weiße Kleepetalen und Samen getrocknet und gemahlen und anstelle von Getreide zum Brotbacken genommen.
VORBEREITUNG DER BLÜTEN Bei der Zubereitung von Tee und Wein die ganzen Blütenköpfe verwenden. Dem Tee wird eine schlaffördernde Wirkung nachgesagt. Zupft man die Petalen von den Blütenköpfen, kann man den Nektar aus ihnen heraussaugen.

Trifolium pratense (Rotklee)

Tropaeolum majus
KAPUZINERKRESSE

Kapuzinerkresse, die ursprünglich aus Bolivien und Kolumbien stammt, ist eine einjährige Kletterpflanze von 1–3 m Höhe. Viele der heute erhältlichen Hybriden sind erheblich niedriger: *Tropaeolum* 'Jewel Series' wird nur 30 cm hoch und hat gefüllte und halbgefüllte Blüten; *Tropaeolum* 'Gleam Series' ist schwach kriechend und wird bis zu 40 cm lang. Eine weitere Zwergsorte ist 'Empress of India' mit scharlachroten Blüten. Kapuzinerkresseblüten sind 5–10 cm groß.

STANDORT Volle Sonne. Blüht am besten in nährstoffarmen Böden oder in kleineren Pflanzgefäßen wie Hängekörben.
VERMEHRUNG Im Frühling Samen an Ort und Stelle aussäen.
VERWENDUNG IN DER KÜCHE Aufgrund ihres ausgeprägt pfeffrigen Geschmacks eignen sich die farbenfrohen Blüten für Garnierungen, Salate und Pastagerichte. Blüten mit einem langen Sporn an der Basis sind am Ende des Sporns herrlich süß, so dass sich ein wundervoll pfeffrigsüßes Aroma ergibt. Die Blätter und Blüten aller Kapuzinerkressen sind essbar; die jungen Früchte können wie Kapern eingelegt werden.
VORBEREITUNG DER BLÜTEN Die Blüten können ganz gegessen werden. Für ein milderes Aroma die Blütenblätter von der Basis abtrennen und nur die Petalen nehmen. Am besten schmecken Blüten, die sich gerade erst geöffnet haben.

Viola odorata
DUFTVEILCHEN

Diese süß duftenden Veilchen, die blaue oder weiße Blüten haben, sind halbimmergrüne Stauden aus Süd- und Westeuropa. Sie vermehren sich reichlich durch Selbstaussaat und verwildern. Die Pflanzen wachsen zu Büscheln von etwa 30 cm Durchmesser heran. Die Blüten an den bis zu 10 cm hohen Stengeln erscheinen zwischen spätem Winter und zeitigem Frühjahr. Parmaveilchen *(Viola suavis)* zeichnen sich durch ihren besonders starken Duft und ihr köstliches Aroma aus. Die Farbe der Blüten ist Blau, Rosa, Violett oder Weiß; sie können ungefüllt oder gefüllt sein.

STANDORT Halbschatten; in Gefäßen, im Garten, unter Hecken oder Bäumen.
VERMEHRUNG Selbstaussaat, im Frühling oder Herbst auch Teilung möglich.
VERWENDUNG IN DER KÜCHE Das feine Aroma harmoniert gut mit pikanten und süßen Speisen. Frische Blüten kann man über Salate oder Pâtés streuen, überzuckerte Veilchen zum Verzieren von Torten, Kuchen, Plätzchen und Desserts verwenden. Veilchenessig eignet sich für eine Vinaigrette zu Salaten oder Meeresfrüchten. Früher machte man aus Veilchen süße Paste oder Konfekt. Veilchenblätter frisch oder getrocknet für Tee verwenden.
VORBEREITUNG DER BLÜTEN Die Blüten sind etwa 2 cm groß. Ihre Petalen von den Stielen und Kelchen abziehen.

Viola odorata (Duftveilchen)

Viola
STIEFMÜTTERCHEN

Stiefmütterchen sind mit den Duftveilchen verwandt, haben aber größere Blüten und eine spätere Blütezeit, die vom Frühjahr bis zum Hochsommer reicht. Es gibt sie weiß, cremeweiß, gelb, blau, lila, violett, braunrot bis fast schwarz und mehrfarbig. Viele haben einen süßen Duft. Empfehlenswert sind zum Beispiel fast schwarze 'Mollie Sanderson', blau geränderte 'Rebecca' und weiße 'Mrs Lancaster'. Auch zahlreiche andere Sorten sind geeignet, vor allem schön duftende. Verwelkte Blüten entfernen, um die Blütezeit zu verlängern. Stiefmütterchen passen gut in Hängekörbe, wo sie den ganzen Sommer immer wieder blühen.

STANDORT Sonne, Halbschatten oder Schatten.
VERMEHRUNG Im Frühherbst im kalten Kasten (Frühbeet) aussäen. Im Juli Stecklinge von blütenlosen Trieben schneiden.
VERWENDUNG IN DER KÜCHE Die Blüten haben zwar kein ausgeprägtes Aroma, sehen aber so hübsch aus, dass man sie gut für Salate oder zum Garnieren einer Pâté nehmen kann. Man kann sie überzuckern und Kuchen, Plätzchen oder Cremespeisen damit verzieren. Hübsch sehen sie auch in Eiswürfeln oder einer Eisschale aus, die mit einem Sorbet oder Eiscreme gefüllt ist.
VORBEREITUNG DER BLÜTEN Die Blüten von den Stielen abziehen und die grünen Teile entfernen.

Register

DANKSAGUNG

Bedanken möchte ich mich bei Michelle Garrett für ihre unerschöpfliche Geduld beim Aufnehmen dieser herrlichen Fotos sowie Joanna Farrow für ihre inspirierende und wundervolle Wiedergabe der kulinarischen Rezepte. Ein besonderer Dank geht auch an Lindsay Porter, meine Redakteurin, die mich bei der Entstehung dieses Buches so wunderbar unterstützte. Selbstverständlich danke ich auch Simon, Jonathan und Suzanna von ganzem Herzen, die mir bei diesem Projekt immer wieder geholfen und so viele herrliche Blüten für mich gekostet haben.

BILDNACHWEIS

A–Z Botanical, Seite 146 (unten links); Bridgeman Art Library, Seite 10; Edimedia, Seite 15; Fine Art Photographic Library, Seiten 11, 14 (oben rechts); Garden Picture Library, Seite 150 (unten rechts); Mary Evans Picture Library, Seiten 12, 14 (unten links), 16, 17.